THE PIANIST

戦場のピアニスト

ウワディスワフ・シュピルマン
Władysław Szpilman

佐藤泰一［訳］

春 秋 社

ウワディスワフ・シュピルマン（1942年）

幼少時代のスナップ（1914年）
右から、ウワディスワフ、ハリーナ、レギーナ、ヘンリク

両親と（1935年）

ポーランド放送局のスタジオにて（戦後）

1942年、ワルシャワ・ゲットーのカフェ・シュトゥカで行なわれた演奏会のポスター

本書は二〇〇〇年、小社刊行の『ザ・ピアニスト』を改題し、序を二〇一七年版のものに差し替え、「書評」を追加したものです。

序（二〇一七年版）

私の父は戦争体験についてほとんど語ることがなかったが、それでもそれらは少年の頃から常に私とともにあった。私は十三歳のときに、この本を両親の本棚からこっそりと抜き出したのだが、それまでには父方の祖父母がいない理由や、父が家族について決して語らない理由はわかっていた。

私はその時点でこの本を読んだが、しかしすぐにその内容については記憶から追い出していた。それは私のアイデンティティの一部を明らかにするものではあったが、私たちはそのことについて話し合うことはなかった。おそらくそのため、ドイツの詩人ヴォルフ・ビーアマンが、本書が人びとにとってとても重要なものであると語ってくれるまで、そんなことはまったく考えたこともなかった。実際、私はこれまで長い間ドイツで生きてきて、ユダヤ人、ドイツ人、ポーランド人の間に存在する苦痛に満ちた沈黙を経験してきた。本書が、今も残るこうした傷を癒やしてくれる一助となることを望んでいる。

父は、戦争直後にこの本を書いたが、それは読者のためというよりも、自分自身のためだったのではないかと思う。それは、父が戦時中に苦しめられた衝撃的な体験になんとか折り合いをつけ、新しい生活に対処するために必要だった思考と感情を収拾することを助けたのである。本当のところ、父は物書きではなく、ポーランドで言われるように「からだの中に音楽が息づいている」人であり、ピアニスト、作曲家であり、ポーランド文化の推進者であった。音楽のために生き、音楽のおかげで生き残ることができた人である。

この序文が、父の著作とロマン・ポランスキーによる映画をこえて、父の人生と作品を理解するのに役立てばと思う。もし第二次世界大戦の結果として四十四年もの間、政治的にも文化的にもヨーロッパが二分されたという歴史が異なったものであれば、彼のアイデンティティがもっと早くに広く知られることになったかもしれないことは疑いない。

ピアニストとしての父は、最初にワルシャワでヨゼフ・スミドヴィッチとアレクサンデル・ミハウォフスキに師事した後にベルリンに移り、ベルリン芸術アカデミーでピアノをアルトゥール・シュナーベルのもとで続け、作曲をフランツ・シュレーカーに学んだ。

一九三三年にヒトラーが政権につくと彼はワルシャワに戻り、一九三五年四月からポーランド国営ラジオの専属ピアニストになった。クラシックと軽音楽作品で、ソリストの伴奏をし、オーケストラと合奏した。彼はまた、特別な役割も担った。それは番組を通して、ゲストたちがマイクの前で交代する間に、即興でピアノの生演奏をするというものだ。時には、そうしたゲストたちの交代が終わるまで何分もかかったが、そこで〝間奏〟を披露したのである。父は長期間にわたって、ラジオ局のオーケストラとグジェゴシュ・フィテルベルク（長きに亘るカロル・シマノフスキのよき理解者で、当時のポーランドでもっとも重要な指揮者）とともに、一九三七年にはパリの万国博覧会でシマノフスキの《協奏交響曲》を演奏した。

一九三九年まで、父は軽音楽の歌に加えて、多くの映画音楽も作曲して人気を博していた。戦争前は世界的に有名なヴァイオリン奏者であるブロニスワフ・ギンペル、またヘンリク・シェリング、イダ・ヘンデルともステージに上った。

一九三九年九月二十三日のショパン演奏会は、国営ラジオ局が破壊される前の最後の生放送だった。その後の数年は、人として、芸術家として可能な限り、最大の喪失を体験することになった。

二年間、ワルシャワ・ゲットー（ユダヤ人隔離地区）に収容され、常に死の脅威に直面しながら生き残るために苦闘した後、一九四二年八月、家族全員がトレブリンカ強制収容所に送られて殺された。彼らの写真や所有物さえも残っていない。それはあたかも、シュピルマン家がそのルーツと歴史とともに消滅させられたかのごとくだった。

にもかかわらず、父は奇跡的に生き残った。彼はラジオでの演奏や映画音楽によって戦争前には広く知られるようになっており、そのためにゲットーで家族の面倒を見ることができただけでなく、生き残ることさえもできたのだった。事実、強制収容所への移送を免れることができたのは、彼に人気があったからだ。ユダヤ人の警察官が彼を見つけ、確実な死地へと向かう家畜運搬車から彼の家族を救い出してくれたのである。

彼は当初、ポーランドラジオ局の友人たちによって匿われたが、ヴィトルド・ルトスワフスキや、父を救うために資金集めのコンサートを開催してくれたヴァイオリン奏者エウゲニア・ウミンスカなどの多くのポーランド人が彼を支えてくれた。彼ら全員が、ある一つのものへの愛と力のもとに集っていた。それは音楽である。

終戦が近づいてさえ、彼を救ったのは音楽だった。彼は何ヶ月もの間、覚えていたすべての曲を一小節ずつ極めて正確に頭の中で繰り返し演奏することを心の糧として、たった一人でワルシャワの廃墟で生き続けた。私は父ととても親密な関係にあったが、それでも彼のような繊細な人間が、それほど悲惨な出来事を克服するための超人的な強さを、一体どこから得ることができたのかはまったくわからない。音楽だけが、その答えでありえると思う。

一九四四年十一月、マイナス二〇度をはるかに下回る寒さの中、ドイツ人将校ヴィルム・ホーゼンフェルトが父を隠れ場所で見つけたとき、彼は餓死寸前だった。この時、同情してくれるドイツ人に出会う可能性はほとんどまったくなかったが、ホーゼンフェルトもまた絶望的な状況にあったようだ。彼は破壊された街の荒廃の中で慰めとなる音楽を切望しており、父にピアノを弾くように求めたのである。ホーゼンフェルトは父を殺さなかった。実際のところ、彼はこのときに父に食べ物を与え、もっと良い隠れ場所を見つける手助けをしてくれた。それは疑いなく、この戦争最後の凍てついた日々に父の命を救ったのである。

一九五〇年になって、ついに父はこの将校の名前を知ることができたが、それでも彼はホーゼンフェルトの命を救うことはできなかった。一九四八年以降、西ドイツ人がロシアから解放されることはほとんどなかったからだ。ホーゼンフェルトはスターリングラードで一九五二年に死んだ。しかし、父は一九五六年になってドイツでのコンサート旅行を許された際、ターラウのホーゼンフェルト家を訪ねて初めて、自分を救ってくれたドイツ人の悲劇的な運命を知ったのだった。

今日、ホーゼンフェルトは過激化していった不正義を一九三九年以降、軽蔑するようになり、何人もの人びとを救ったことが知られている。彼とその家族への報復のおそれがあったにもかかわらず、彼は、出自、宗教、政治的見解、国籍をこえて抑圧された人びとの救出を支持していた。彼はその死後、二〇〇七年にポーランドの高位勲章である「ポーランド復興勲章」を授けられ、二〇〇九年にはイスラエルでも「諸国民の中の正義の人」に叙勲された。

戦争からの解放直後の一九四五年一月、父は自宅とさえも感じていたポーランドラジオ局で活動を始めた。夜になるとピアノの下で眠り、日中は、戦時招集された音楽家たちのために編曲をした。番組をつくり、歌を作曲し、ソリスト・伴奏者として演奏を放送し、すぐに心の安寧を取り戻していった。私はときに、五年間の中断がなかったら父はどれほど優れた演奏ができただろうかと想像することがある。

私は常に、ポーランド国外の人びとにも父の作品を知ってもらいたいと強く望んできた。しかし、長い間、多くの理由から、それは不可能であるように思われた。父は西側諸国で二〇〇〇回以上もの演奏を行ったが、レコード産業にはほとんど知られていなかったからである。

共産主義下のポーランドでは、父は娯楽音楽の作曲家としてのみ知られていたが、それらの曲は往々にして作曲者さえも記されないままに広まっていた。それに加えて、曲にはポーランド語の歌詞だけが許されていたため、彼の曲に英語の歌詞がついたのはその死後になってからであった。彼はまたこの時期には、クラシック音楽の作曲家としては評価されなかった。共産主義体制では、純粋なポーランド人としての名前を持った人たちしか、国家が提供する昇進に浴することはできなかったし、新しい共産体制の産物として世界中に輸出することもできなかった。シュピルマンという名前はこのカテゴリーには当てはまらなかったのである。このため、一九三〇年代に始まった父の作曲活動は、戦後は停止することになってしまった。父がクラシック音楽の作曲に打ち込んだ時期は、ただ一度だけだった。

一九六八年三月、ポーランドが反ユダヤ主義の風潮に揺れた時、彼は現実的に言えば「机の引き出し」のために、小序曲、古い様式のワルツ、そしてバレエ曲を作曲した。大オーケストラのためにいくつかのシャンソンを編曲し、全部で六〇分の音楽にもなる音楽を作った。今となって私には、父は抑うつ状態に対処するために、そうしたやり方をとっていたことがわかっている。事実、一九四〇年にも似たような行動をとっている。《ピアノとオーケストラのためのコンチェルティーノ》の書法に関してあれこれと苦心することで、ワルシャワ・ゲットーでの毎日の生活について考えなくてもすむようにしていたのだ。

楽譜をテーブルに広げて一九六八年の作品について思い出すと、父が作曲を愛していたことがわかる。なによりも、彼は自らの内在的な欲望を満たすために曲を書いたのだ。彼の作品に前衛的なものを求めて、結局は失敗に終わった音楽批評家たちには気の毒なことだったが。

実際、ポーランドの共産主義者たちには決して壊すことができなかったものがある。それは父と、偉大なポーランド系アメリカ人ヴァイオリニストであるブロニスワフ・ギンペルとの関係である。一九三四年以降、父はギンペルの親しい友人であり続けた。この年、すでに達人として有名だったギンペルはイタリア王ヴィットーリオ・エマヌエーレ三世から叙勲され、法皇ピウス十一世の御前で演奏してまもなく、一連のコンサートのためにポーランドにやって来た。ギンペルは、これらの演奏において指名されていたピアニストには満足できず、興行主に別の人を探すことを要求し、そのため父にその役割が与えられた。これが二人の芸術家の四十年以上に亘る共演へとつながり、戦争の後も彼らは友情を持ち続けた。私の印象では、ブロニスワフ・ギンペルは父にとって、まだ無事だった戦前期と家族を失った戦後期を橋渡ししてくれたのだと思う。音楽だけが、父の生活で変わらぬものであり続けたからだ。

しかし、戦後期においては、彼ら二人が友情を維持するにはいくつもの乗り越えなければならない障害があった。父は西側諸国に入国できるかどうかわからないために、コンサート計画には常にリスクが伴った。彼の旅行には頻繁に困難がつきまとっていたのである。同じように、一九六八年から一九七六年の間、ギンペルはポーランドにとって「好ましからざる人物」と宣言されて、入国を許されなかった。こうした禁止は、父のまた別の友人であったアルトゥール・ルービンシュタインなど、その他のユダヤ系の多くの芸術家にも及んだ。しかしながら、一九五六年以降、彼らはポーランド、イタリア、フランス、ドイツ、南米でコンサートツアーを行うことができた。わずかな例外を除いて、ギンペルは一九三四年に初めてシュピルマンに会ったときの約束を守った。それは「これからは、君とだけ演奏する」というものである。

父がソポト国際歌謡祭を開催するための有能な音楽監督だとわかった時、彼はパガート芸術エイジェンシーのシモン・ザクジェフスキから、ポーランドで室内楽団の編成を委託された。当然、彼はすぐにギンペルに協力してくれるように頼んだ。二人は他に三人の人気のある音楽家に参加を促し、ワルシャワ・ピアノ五重奏団を結成した。彼らは一九六三年一月に、ロンドンのウィグモアホールで最初の世界ツアーを開始し、一九六八年までにすべての大陸で数百回のコンサートを行った。

父は、このワルシャワ・ピアノ五重奏団で、心地よくその役割を果たした。トラウマ的な戦争体験の後、彼はもはやソロピアニストとしてのキャリアを望んでいなかった。一九三〇年代の研鑽時にはソリストとしての十分な用意ができていたが、一九五〇年以降は、ほとんどソリストとしてツアーを行わなかった。一九五六年に「鉄のカーテン」がわずかに緩んだ後には外国旅行ができるようになったのだが、ソロ演奏はあまりに精神的な緊張を要したためである。彼は後に、ステージに他の音楽家がいることは、演奏する力を与えてくれたと説明していた。彼がソリストとしてのコンサートの孤独に耐えられなかったことは、私にはよくわかる。なぜなら、戦争の廃墟で何年もの孤独を耐えて、もう一人で世界を旅したくはなかったのだ。ワルシャワ・ピアノ五重奏団は一九八六年にハンブルグで最後のコンサートを行った。

父は特に、友人であるアルトゥール・ルービンシュタインが一九七〇年代に出版社に働きかけたがうまくいかなかった後には、彼やその家族の人生の物語については誰も興味を持たないだろうと思っていた。しかし、彼の戦争体験の本は、ドイツ語版、イギリス版とアメリカ版として一九九八年に出版されると即座にベストセラーになった。だから、彼は二〇〇〇年七月六日に亡くなる前には、彼の筆記の試みには大きな意義があり、そして大成功を収めたことを知ることができたのだった。

出版の際に初めて、私は父と戦争体験について真剣に話し合うことができた。私はまた、彼の音楽作品を人びとに伝える計画についても話した。そして父のソリストとしての最初のCDを送り出せたことは、私のもっとも大きな喜びである。特にそれは、父と私がどの録音を選ぶかについて長い時間をかけて議論を経たものであったから、なおさらである。後に二〇〇一年になって、私たちはソニー・クラシカルと国際的に著名な音楽出版社であるブージー・アンド・ホークスの協力を得て、父のオリジナル録音を含む大成功を収めたソロ・アルバム（CD）、さらには《ピアノとオーケストラのためのコンチェルティーノ》の楽譜を世に出した。

一九九八年の最初の書籍出版のおかげで、父の言葉は世界中三十八もの言語で読むことができる。彼の体験はドイツ、ポーランド、アメリカその他の国々の学校で教えられている。本に基づくロマン・ポランスキーによる映画は、疑いなく、史上もっとも重要な戦争映画の一つであり、三つのオスカー賞、カンヌ国際映画祭のパルム・ドール、十のポーランド映画賞その他の主要な映画賞に輝いた。

エイドリアン・ブロディがオスカー賞の授賞式で言ったように、この物語は戦争時に人びとが直面した嘆きと非人間化への警告にほかならない。そうした邪悪な活動の結果を表現している。だからこそ私は、現在、そして未来のために、本書がこれからも平和のために重要な貢献をなし続けることを願い、望む。

アンジェイ・シュピルマン

（蔵研也訳）

目次——戦場のピアニスト

序（アンジェイ・シュピルマン、二〇一七年版）／i
1　子供たちの時、狂人たちの時／3
2　戦　争／17
3　最初のドイツ人たち／30
4　父、ドイツ人に頭を下げる／41
5　お前らはユダヤ人か？／52
6　フウォドナ通りのダンス／65
7　K夫人の素敵な振る舞い／83
8　脅迫下の蟻塚／96
9　ウムシュラークプラッツ／111
10　生きるチャンス／123

11 〝狙撃手たちよ、立て〟／133
12 マジョレク／145
13 隣室での騒ぎと諍い／154
14 サウァスの裏切り／164
15 燃えさかる建物の中で／176
16 ある都市の死／187
17 リキュールと命の交換／195
18 ノクターン嬰ハ短調／206
追 記／220
ヴィルム・ホーゼンフェルト大尉の日記からの抜粋／223
エピローグ シュピルマンとホーゼンフェルトの架け橋（ヴォルフ・ビーアマン）／247
ワルシャワ・ゲットー地図／264
訳者あとがき／269

戦場のピアニスト

1　子供たちの時、狂人たちの時

戦時中、私はピアニストの仕事を、ワルシャワ・ゲットーのちょうど中心街ノヴォリプキ通りのカフェ・ノヴォセスナで始めた。一九四〇年十一月、ゲットーの門が閉ざされるまでに、私の家族はとうに売れるものは何でも、一番大事にしていたピアノさえ売ってしまっていた。暮らし自体はあまり大切なものだとは思えなくなっていたが、それでも無気力を乗り越え、生活費を稼ぐ何らかの手だてを求めるべく自分に言いきかせていた。そして、有り難いことに、私はこの仕事を見つけた。おかげでくよくよと思い悩む余裕などなく、家族全員が生き抜くためには私の稼ぎにかかっているとわかってから、以前のような希望のない絶望状態を乗り越えられそうになっていた。

私の仕事は午後に始まる。カフェに行くには、ゲットーの奥へと続く迷路のような狭い道を通ることになる。気分転換もかねて、密輸業者のスリリングな場面を見物したいと思うなら、この狭い路地ではなく、ゲットーの壁に沿って行くことだってできる。

午後は、密輸商売には最適だ。警官たちは午前中かかって私腹を肥やすのに必死になり、自分たちの分け前を数えるのに忙しく、生来の抜けめなさも影をひそめるというわけである。ゲットーの壁に沿って建つアパートの窓や戸口に、そわそわした姿が現われてはひょいとまた姿を隠す。手押し車の音や近づいてくる電車のガタゴトする音を我慢強く待っている輩たちだ。

時折、ゲットーの壁の反対側の騒音が大きくなる。馬に曳かれた一台の車が駆け抜けた後、合図の笛が鳴り、袋や包みが壁の上を越えて飛んでくる。待ち潜んでいた者が戸口から走り出てきて、すばやくその戦利品をつかみとり、再び戸口へ引っ込む。すると、期待感と神経過敏とひそひそ話がふくれあがり、ある種見せかけだけの静けさがもう一度、街路に数分間たてつづけに行きわたった。

警察が通常の仕事に加えて、なぜかいつもよりエネルギッシュに取り組む日というのがある。そういうときには、馬車の車輪の音に混じって銃声がこだまする。あにはからんや、包みの代わりに手榴弾が飛んできて、大きな爆音とともに建物の壁を砕くのだった。

ゲットーの壁というのは、道沿いにずっと路面に接してはいない。ある一定の間隔で、地面の高さに長い隙間があり、そこを通ってアーリア地区からユダヤ地区の舗道の側溝へと水が流れている。子供たちはこの隙間を密輸商売に利用している。おびえた視線をこっそりと左右に走らせながら、あちこちの隙間からマッチ棒のような細い足をした小さな黒い影がいそいそと動きまわるのをよく見かけたものだ。そして、小さな黒い手が品物をこの隙間から引き上げることになるわけだ。それらの物品は、こうした小さな密輸商人たちの身体より大きいことも珍しくない。

密輸物資がそこを通り抜けると、子供たちはそれらの荷を肩に担ぎ上げ、その重みに前屈みになり、よろめきながら歩く。こめかみに血管が青く浮き上がり、息吸う口を大きく開け、苦しそうに喘いで、おびえた小ネズミさながらに、あわてふためいては四方八方に走り回る。このように彼らの仕事はきわどいもので、大人の密輸人たちと同様、生命の危険を伴った。

ある日のこと、壁に沿って歩いていると、ユダヤ人の子供の密輸商売の真っ只中に出くわした。もう少しでうまくいくところで、壁の向こう側にいるその少年にしてみれば、あとは隙間をくぐって荷物のところへ戻るだけ。骨と皮だけの小さな姿がわずかに私の視界に入ったところで、突然叫び声があがるや、壁の向こう側に、ドイツ人の嗄れた怒鳴り声が聞こえた。私はすぐに駆け寄って子供を素早く引っぱり出そうとしたが、うまくいかず、少年の尻が溝にはまってしまった。小さな腕を思いっきり引っぱったものの、死にものぐるいの悲鳴はますます増すばかり。その時、壁の向こう側の警官があらん限りの力で少年をなぐったのであろう。どうにかして救い出そうと必死にやってみたが、その子は背骨を砕かれて死んでいた。

実際のところ、ゲットーでは、食糧をまかなうだけのために密輸商売があてにされていたわけではない。壁を越えて持ち込まれる袋や包みの大部分は、極貧のユダヤ人に向けたポーランド人からの贈り物なのである。定期的で大がかりな密輸取引は、コンとかヘラーのような富豪たちによって行なわれており、簡単なやり方で、かつ極めて安全なものだった。買収された警官の護衛が取引の時間に目をつぶるというわけだ。荷馬車の隊列が暗黙の承諾を得て公然とゲットーの門をくぐりぬけ、食料品や高価な飲み物、贅沢きわまる珍味の品々、ギリシャからの直送のたばこ、フランス製の装身具や化粧品などが運び込まれた。

私は、ノヴォセスナで日常的に、これらの闇物資を眺めていた。カフェには、金ぴかの装身具やダイヤモンドをぶら下げてうろつく金持ちたちが常に出入りしていた。シャンパンのコルクを抜く音に合わせて、けばけばしく化粧をした売春婦たちが、荷を山積みにしたテーブルの前に座る戦時不当利得者たちをもてなそうと申し出ていた。

ここで私は二つの幻想を棄てることになる。一つは、我々の連帯感に対する信念、もう一つは、ユダヤ人の音楽性に関する信念。

ノヴォセスナの外では、物乞いをすることは許されていない。太ったドアマンが哀れな貧乏人を棍棒で追い払う。しばしば遠くから人力車がここにやってくるのだが、客席にふんぞり返っている連中は、男も女も、冬には高価な毛織りの服、夏には贅沢な藁帽子やフランス絹を身につけていた。ポーターの棍棒でガードされる場所にたどり着くまでというもの、彼らは怒りで顔をゆがめながら自分のステッキで群衆を追い払う。この連中は決して施しをしない。というのも、彼らの考えでは、慈善行為というのは単に人々を堕落させるだけだという。一生懸命働けば、それなりに沢山稼げることだろう、誰にもそうする機会は与えられている。で、人生でうまくやっていくやり方がわからないなら、それはその人自身の責任だ、と。

　こうした連中はいったん広々としたカフェの小さなテーブルに座り込むと、ただ商用でやってきたのも忘れて、昨今の厳しい情勢とユダヤ系アメリカ人の結束のなさを嘆き始める。――彼らは、自分たちがやっていることをどう考えているのか。ここワルシャワの人々は死にそうで、ひとかけらの食べ物もない。きわめて恐ろしいことが起こっているというのに、アメリカの新聞は何も書かない。大西洋の向こうのユダヤ人銀行家たちにしても、アメリカがドイツに宣戦するようにしかけることなども含めて、何もしていない。そう望むなら、すぐにでも宣戦に向かわせるよう、容易に助言できるはずなのに。

　ノヴォセスナでは、私の音楽に関心を寄せる者など誰一人いなかった。大きな音で弾けば弾くほど、客たちは食べたり飲んだりしながら、ますます大声で話すという具合。聴衆と私のどちらが相手を負かすか、張り合う毎日だった。

　ある日のこと、客が二、三分演奏をやめてくれと、給仕を介して伝えてきた。仲間から受け取ったばかりの二十ドル金貨が本物かどうかを試すのに、音楽が邪魔だという。音楽がやみ、彼は大理石のテーブルの上でそっと金貨を叩き、指に挟んでつまみ上げ耳元にもっていって、一生懸命聴き入る。彼にとって興味ある唯一の音楽というわけだ。

　私の仕事はカフェ・ノヴォセスナでは長くつづかなかった。まったく趣を異にするシエンナ通りのカフェで次の仕事を得たのである。ここではユダヤ人のインテリたちが私の演奏を聴きに来てくれた。私が音楽家としての評価を固め、友人たちを得たのはここでだった。楽しい時期を過ごし、そして後に、あの恐ろしい時期を一緒に過ごすことになる仲間たち。そうしたカフェの常連の中には、アルトゥール・ルービンシュタインやカロル・シマノフスキの友人でもあり、とても才能に恵まれた、画家のローマン・クラムシュテイクがいる。彼はゲットーの壁の内側に、人生を描写した壮大な連作画の仕事に取りかかっていた。後に殺されるとも、作品の大部分が失われるとも知らずに。

シエンナ通りのカフェのもう一人の常連の客といえば、これまでに私が出会った最高に立派な人物、ヤヌシュ・コルチャック。「若いポーランド」運動の指導的な芸術家たちと関わりがあった文筆家である。この運動の話題になると、ひときわ熱が入ったものである。そういうとき彼の話は率直で説得力があった。第一級の作家とは見なされていないけれども、それは文学の領域における彼の業績がとても特殊な性格を帯びていたからにほかならない。コルチャックの作品は、子供のための、子供についての物語であって、子供の心を巧みに捉えている点で傑出している。むろん、芸術的な野心からなどではなく、天性の行動家にして教育者たる彼の真心からストレートに書かれたものなのである。

そもそもコルチャックの真価は、書かれた作品にあるのではなくて、書いたように生きた事実の中にある。その昔自らの天職に目覚めて以来、彼は自分の時間と使えるお金の全てを子供たちのために捧げ、死ぬまで子供たちを愛しつづけた。孤児院を設立し、貧しい子供たちのためにありとあらゆる種類の寄付金を募り、ラジオでも話をして、〝老先生〟として広く知られるようになる（むろん、子供たちの間だけでなく）。ゲットーの門が閉ざされたときも、自分自身は助かるのに、あえてゲットーの中に飛び込んだのである。そして、世界中で最も貧しく、打ち捨てられた子供たち、十二人のユダヤの孤児たちの養父として、その使命を全うした。シエンノ通りで我々がコルチャック先生と話していた頃にはまだ、彼の生涯がかくも素晴らしいものであり、かくも輝かしい情熱をもって終わるだろうことなど、もちろん知らなかった。

四ヵ月後、私はレスノ通りの別のカフェ「シュトゥカ（芸術）」に移る。ここはゲットー内の最大のカフェで、芸術に対する思いがむんむんしている雰囲気があった。さまざまな音楽の演奏がコンサート室で行なわれた。ここの専属歌手にマリア・アイゼンシュタットがいて、後にドイツ人に殺されなければ、その素晴らしい声で何百万人もの人々にその名が知られたことだろう。

このカフェで私は、アンジェイ・ゴールドフェーダーとピアノ二重奏を弾いた。リュドミール・ロジツキ作の「カサノヴァ・ワルツ」に基づいて私が作ったパラフレーズ（ウワディスワフ・シュレンゲルによる歌詞付）は、大成功を収めた。詩人のシュレンゲルは、毎日のように、レオニード・フォクツァニツキや歌手のアンジェイ・ワースト、人気コメディーグループ「ヴァッツス・芸術愛好家たち」、「ライヴ・ニューズペーパー」のポーラ・ブラウノーヴナらを連れて現われた。この「ライヴ・ニューズペーパー」には、ゲットーの暮らしに関する機知に富んだ記録がつづられており、ドイツ人たちへの鋭くきわどいあてつけが満載されていた。

コンサート室の傍らにはバーがあって、芸術よりも飲んだり食べたりするのが好きな連中は、上等のワインや美味しく料理されたチキンカツ、あるいはビーフストロガノフを手に入れることができた。コンサート室もバーもほとんどいつも満員だったお陰で、この時期の私の稼ぎは悪くはなく、かろうじてではあるけれども、何とか五人の家族を養うことができた。

とにかく、夕方、家に帰ることとさえ考えなければ、シュトゥカで弾くことは本当に楽しかった。多くの友人たちと会い、演奏の合い間に語り合えたからである。家に帰らなければならないと思うと、午後の間ずっと、暗い気分になってしまうのだった。

一九四一年から四二年にかけての冬のことである。ゲットーにはとても厳しい冬をむかえていた。ユダヤ人の悲惨な状況は、いつしか比較的ましなインテリ階級のユダヤ人たちにも及び、また、山師たちの贅沢な生活も脅かすことになる。貧しい人々はすでに飢えでひどく衰弱し、燃料を確保することもかなわず、寒さをしのぐ術がなくなっていた。

また、害虫もはびこっていた。ゲットーは害虫であふれかえっているにもかかわらず、何の対策もなされないままだった。通りですれ違う人々の衣服には、虱がたかっていた。電車や商店などいたるところに、また舗道や階段にも虱がうようよしていて、仕事の必要上どうしても立ち寄らなくてはならない役所の事務所の天井からも虱が落ちてくるという始末。虱は、折り畳んだ新聞の中や小銭の間にも入り込み、なんと買ったばかりのパンにまで付いていた。この害毒を流す小動物がこぞってチフス菌を運搬したことはいうまでもない。

ゲットー内で伝染病が発生した。チフスによる死者の数は毎月五千人にも達した。金持ちも貧乏人も、寄ると触ると話題はチフスでもちきり。貧乏人はチフスでいつ死ぬかを案じ、金持ちはいかにワイゲル博士のワクチンを手に入れ、身を護るかを考えた。かくて、著名な細菌学者であるワイゲル博士は、ヒトラーの次に有名な人となった。いわば善は悪と隣り合わせにあるというわけだ。

ドイツ人たちが博士をレンベルグ（ルヴフ）で逮捕したといううわさが流れたが、幸いなことに、彼は殺されなかった。それどころか、ドイツ軍は博士を名誉ドイツ人のように扱った。虱にたたられた東方のドイツ軍のためにワクチンを作らせるというよりも、むしろ博士を逃げ出せないようにするために、ゲシュタポの素晴らしい監視のもとに置き、その後、素敵な実験室と立派な車付きの別荘を提供したという。無論、ワイゲル博士は、別荘や車は断わったとのこと。

本当のところはどうだったかわからない。私の知る限り、博士は幸いにも死ななかった。ワクチンの秘密をドイツ人に明かし、彼らにとって必要な存在ではなくなっても、何らかの奇跡が起こって、結局あの最高に素晴らしいガス室に送られることはなかったのだろう。いずれにしろ、博士の発明とドイツ人の打算的買収とやらのおかげで、ワルシャワの多くのユダヤ人はチフスによる死から免れた。いずれ、別の死がやって来るだけのことであっても。

私自身、ワクチンを打たないで済ませた。たった一回分の血清しか手に入れられず、自分のためには充分なのだが、残りの家族の分まではなかったので、打たないことにした。

ゲットー内では、チフスで死ぬ犠牲者が急速に増えていた。ところが、これに見合った埋葬方法がない。だからといって、死体を室内に放置しておくわけにもいかない。結局のところ、当座の解決法が見つかった。

死者は衣服をはがされた。生きている者たちにとって、死体に服を着せたままにしておくのはあまりにもったいないという口実で。そうして、死体は紙にくるまれ、舗道にほうり出された。幾日も待たされることも少なくなかったが、市議会の車が集荷にやってきて、共同墓地の集合埋葬所にもって行った。夕方、カフェから家に帰る途中怖かったのは、チフスで死んだ死体や餓死者の死体がごろごろしていたからである。

カフェの支配人は一日の集計をし、私に日当を支払ってから一緒に帰るので、私はカフェを最後に去る者の一人となる。街路は暗く、道行く者など誰もいない。懐中電灯をつけ、死体につまずかないよう留意しながら歩く。一月の寒風が顔に吹きつけ、身体を押したてる。死体を包む紙がさらさら音をたててめくれあがり、裸の萎びた向こう脛、痩せこけた腹部、歯を剝き出した顔面や虚空を見つめる目がさらけ出される。

当時はまだ、死体というものにはなじみがなかった。恐怖と胸くそ悪さで一杯になり、できるだけ早く家にたどりつこうと帰路を急いだ。母が、アルコールの入ったボールとピンセットをもって私を待っていてくれたものである。この危険な伝染病が蔓延している時期、母は最善を尽くして家族の健康を気遣った。帽子や衣服にへばりついた虱をピンセットで念入りに取り除き、アルコールの中に入れてしまうまで、決して外出した者を居間へ通そうとはしなかった。

春になって、ローマン・クラムシュティクともっと親しくなると、カフェからまっすぐ家に帰らなくなることが多くなり、エレクトラルナ通りの彼のアパートに立ち寄っては、夜遅くまで話し込んだ。クラムシュティクは幸運な男で、建物の最上階の、天井が傾斜した小さな部屋に一人で住んでいた。ここにはドイツ人たちの略奪から免れた宝物が集められていた。ケリムで覆われたゆったりとしたソファ、二対の高価な古椅子、引き出し付きの素敵なルネッサンス調小箱、ペルシャ絨毯、いくつかの古びた武器、数枚の絵。そして彼自身ヨーロッパの各地で長年にわたり集めてきた小物類、これらはそれぞれが小さな芸術品で、大いに目を楽しませてくれるものだった。柔らかい黄色の光の点るこの小さい部屋で、ローマンとともにブラックコーヒーを飲みながら愉快に語り合うのは悪くない。日が落ちる前に、我々はバルコニーへ出て空気を吸う。ここの空気は、埃っぽく息の詰まる街路よりも澄み切っていた。

晩鐘の時刻が近づく。人々は屋内に入り、戸を閉める。春の陽は沈み、トタン屋根に桃色の輝きを残し、真っ白い鳩の群が青い空に飛ぶ。そして、ライラックの匂いが近くのサスキ公園（ザクセン式公園）から壁を越えて流れてきて、ここ、忌まわしい一角に居る我々のところに届く。

この時刻は、子供のための時間か、もしくは狂人のための時間である。ローマンと私は、みんなが狂女と呼ぶ〝羽飾りのレディー〟を探して、エレクトラルナ通りを見下ろしていた。

彼女の風采は尋常ではない。頬は赤く染められ、コール墨で引かれた眉毛は、こめかみからこめかみへと一センチもの太さで描かれていた。彼女はぼろぼろのドレスの上に、縁取りの付いた旧式の緑色のビロードのカーテンをまとい、藁帽子からは、とてつもなく大きな藤色のダチョウの羽が空に向かってまっすぐ立っていて、素早いけれどもどこかおぼつかない足取りで歩くたびに、それは静かに揺れていた。彼女は歩きながら、上品にほほえんで通行人を呼び止めては、目の前でドイツ人に殺された夫のことを尋ねるのだった。

「恐れ入りますが、イサーク・シェルマンを見かけた方はございませんか？　ちょっぴり灰色の顎髭のある背の高いハンサムな人ですが……」

そうして、呼び止めた人の顔をまじまじと見つめて、否定の答えを聞くや「会ったこともないですって！」と落胆の声をあげる。一瞬、苦痛で顔を歪めたものの、しかし、すぐに、作り笑いにちがいないけれど、持ち前の礼儀正しさで穏やかな表情に戻るのである。

「おお、どうかお許しを！」と言って、時間をとらせたことを申し訳なく思いながら、一方ではあんなにハンサムで愉快な夫イサークを誰も知らないなんてと驚き、首をふりふり歩き続ける。

これも一日のおよそこの時間帯だったと思う。もじゃもじゃ髪で、衣服をあちこちひらひらさせた、見すぼらしい身なりのルービンシュタインと呼ばれる男が、やはりエレクトラルナ通りを徘徊していたものだ。ステッキを振り回したり、飛んだり跳ねたりし、さかんに鼻歌を歌ったり独り言をつぶやいていた。彼はゲットーでとても人気がある。お決まりの「諸君、元気を落とすなかれ！」という声が聞こえてくると、遠くからでもそのご仁がやってくるのがわかった。人々を笑わせ、元気づけることが生き甲斐なのであろう。彼一流のジョークとおどけたおしゃべりはゲットー中に陽気に行きわたっていた。

なかでも、得意技の一つはドイツ人の護衛兵と近づきになることで、そこら中を飛び跳ね、顔を顰めたりしながら、言いたい放題。「おい！　てめーら、やくざども！」「きさまら、追い剝ぎども！」「お前ら、盗賊団！」というような調子で、ありとあらゆる類の悪態をついた。

ドイツ人たちは、こうした言動をなにか他愛もない戯れのように考えたのだろう、ルービンシュタインの無礼の数々に応え、煙草や硬貨を与えた。結局のところ、そんな狂人を誰もまともに扱えなかったわけだ。けれども私はこのことについて、ドイツ人たちほどには納得できていない。今でも、あの男は、ドイツ軍から受けた責苦がもとで正気を失った人々のうちの一人なのか、もしくは、単に死を免れるために愚か者を演じていたのか、それはわからない。また、どうして彼があそこでうまく立ち振る舞っていたのかも。

狂人というものは、外出禁止の時間など全く気にしないものである。時間を知らせる警報が鳴っても、彼らにはどうでもいいこと。子供たちにとっても同じだ。これら子供らの幽霊がいま、それまで眠っていた地下室や路地や戸口などから現われる。一日のこの最後の時間に、人の心に哀れみの気持ちを引き起こせるかもしれない、そういうような期待感もあるのだろう。彼らは、街路灯や建物の壁の傍らに立ち、道路のほうに頭を垂れて「お腹がすいた」と独りごちてはすすり泣く。音楽が得意な子は歌をうたう。か細く弱々しい声で、戦いで傷ついた若い兵士のバラードを。こういう歌だ。

……戦場で、みんなから見捨てられて、兵士は「お母さん」と叫んで死んでいく。だが、母親はそこにはいない。彼女は遠くにあって、息子が死に瀕して横たわっていることを知らない。大地の揺りかごに乗ったその可哀想な男は、いっしょに揺れる草木とともに永遠の眠りにつく。

「おやすみ、おまえ、よくおやすみ、我が子よ！」

こうして動かなくなった兵士の胸に、一枚の花びらが木から舞い落ちる。これこそ唯一の名誉の十字架……。

他の子供たちは、いまの窮状を示しては道行く人に嘆願し、人々の良心に訴えようとした。

「僕ら、とってもお腹がすいてるんだ。ずっと何も食べてないの。ほんの一切れでもいい、パンをちょうだい！　ジャガイモでもタマネギでもいいの。このままだと、あしたまでもたないよお……」

しかし、誰にもタマネギすらなかった。持っていたとしても、それを子供たちにあげてしまうような優しい心にはなれなかっただろう。戦争が人の心を石に変えてしまっていた。

2　戦争

一九三九年八月三十一日までには、ワルシャワにいる誰もが、いつかドイツと戦争になることは避けられないと確信していた。ポーランドの決然とした態度が最後の瞬間にヒトラーを思いとどまらせる。そういう幻想を相変わらず抱いていたのは、救いがたい楽観主義者たちだけである。他の人たちの楽観論も、おそらく潜在意識としてなのだろうけれど、その場しのぎの考え方であることをさらけだしていたにすぎない。というのも、あれやこれやの理屈はともかく、戦争が起こると決まった以上――とっくの昔に決まっていたことだが――実際の勃発を遅らせ、もう少しの間、生活を心ゆくまで楽しんでおきたいといういわば生まれつきの信条が支配していたのである。なんといっても、人生とはいいものなのだから。

夜の街には周到なまでの灯火管制が布かれていた。人々はガス・シェルター用の部屋がきちんと閉まるかどうか確認し、ガス・マスクを試す。ガスは何よりも恐れられていたのである。

そうした統制下にあっても、カフェやバーの薄暗い窓の奥では、バンドが演奏していた。バーでは、客たちが飲めや踊れやの椀飯振舞い。軍歌を歌うことで愛国的な感情をかき立てていた。ともあれ、灯火管制に備える必要が生じたこと、肩からガス・マスクをつり下げて歩く機会ができたこと、夜、突然すっかり変わったように見える街路をタクシーで家に帰ることなど、こうしたことはまだ特に危険が迫っていないこともあって、生活の上での刺激剤くらいのものと受けとめられていたのである。

ゲットーではまだ、騒動は起こっていなかった。

その頃、私は両親と二人の姉、弟と一緒に、シリスカ通りに住んでいて、ポーランド放送局の専属ピアニストとして働いていた。

八月の末、私は夜遅く帰宅し、疲れていたのですぐベッドに入った。我が家は四階にあるため、至極都合がいい。夏の夜、塵や道路の悪臭は薄らいで、部屋の上部の開いた窓から新鮮な空気が入りこむ。ヴィスワ川から立ち昇る湿気が運ばれてくるのだった。

爆発音で私は目を覚ました。すでに外は明るくなっている。時計を見ると六時。爆発音はとりたてて大きな音ではない。どこか遠くのような気もするが、いずれにしても市外からのようだ。てっきり軍事演習でもしているのだろうと思った。ここ数日間、我々はこれに慣れっこになっていたからでもある。数分後、爆発音が止んだ。やれやれ、また眠ろうかと迷ったけれども、それにしては、明るすぎるし、もう陽も照っている。で、朝食まで本を読むことに決めた。

寝室のドアが開けられたのは八時頃だったろうか。母が立っていて、いつでも街へ出掛けられるような格好をしていた。いつもよりも青ざめており、まだベッドで本を読んでいる私に、非難の目を向けた。母は口を開いたが、言葉にならず、咳払いをしてひと呼吸おき、苛立って急かすような声で言った。

「起きなさい！　戦争ですよ！　戦争が始まったのよ！」

私は飛び起きた。放送局に直行することが頭に浮かび、そこで、誰か友達をつかまえれば、最新のニュースが聞き出せると思いながら、服を着、朝食をとり、すぐに家を出た。

建物の壁には、すでにポスターが貼られていた。国民への大統領のメッセージが掲げられており、ドイツ軍が攻め込んできたとのこと。何人かが集まってその掲示を読みながら、あれこれと話し合ったり、さしあたり最優先の仕事を片づけてしまおうと急いであちこちへと散らばる人など、さまざまだった。我々の住む建物からすぐの街角にある商店の女主人は、窓に白い紙の帯を貼り付け、この先爆撃を受けても壊れないようにしていた。一方、彼女の娘は卵サラダやハムとソーセージを入れた大皿の周りに、小さな国旗とポーランドの高官たちの写真を添えて飾っていた。号外を売る新聞少年が息を切らして道路を駆けまわる。

パニックは起こらなかった。次は何が起こるのかという好奇心と驚きの間を揺れ動くようなムードが漂っていた。これは全ての始まりなのだろうか。

きれいに髭を剃った白髪の紳士が、大統領の通告が貼ってある柱の脇に陣取っていた。その顔と首のまわりの鮮やかな赤色の斑点から、興奮していることがわかる。帽子を頭の後ろのほうへ押しやっていたが、きっと普段の生活では決してやらない仕草なのだろう。彼は通告を熟読し、信じられないというように頭を振り、鼻眼鏡を鼻にしっかりと押しつけて、また読み続けた。そして、憤然として大声を発した。「奴らは攻めてきた。警告もなしに！」

老紳士は周りの人たちの反応が気になりつつも、また鼻眼鏡を直して言った。「本当に、こんなやり方ってあるもんか！」　もう一度、通告を初めから終わりまで読み、まだ動揺を抑えきれないままに立ち去った。頭を振り、「まさか、そんなことにはなるまいて」とつぶやきながら。

私は放送センターのすぐ近くに住んでいたが、そこまで行くにも容易ではなくなっていた。歩くのにいつもの倍もかかる。ある日、途中まで行ったとき、街灯の柱に据え付けられた拡声器からサイレンのうねりが家々の窓をふるわせ、商店街に鳴り響いた。ラジオのアナウンサーの声が続く。

「ワルシャワ市、緊急警報。警戒せよ。敵軍、進攻中！」

それから、アナウンサーは軍事的な暗号とおぼしき一連の数字とアルファベット文字を読み上げた。市民の耳には、不可解なカバラ（ヘブライ神秘哲学の一種）の脅迫文のように聞こえる。耳に入ってくる数字は、こちらに向かってくる飛行機の数を示すのだろうか。文字コードは、爆弾を落とそうとしている場所のことなのか。我々が立っている場所がその中の一つなのか。

急に街路に人がいなくなった。女たちは驚き慌て、シェルターに走る。男たちはその中には降りようとはせず戸口に立って、ドイツ人を呪いながら、自分たちの勇気を大いに誇示し、あげくの果ては、兵役に適したわずかな人間しか召集しなかった当局の不手際な動員について、政府をこきおろした。現に、残った人たちといえば、恋とか金とかにかまけて軍隊に行かず、軍関係のポストをわたり歩くという有様だった。

空《から》になって人けのない街路には、物音ひとつ聞こえてこないが、空襲を監視する人たちと、仕事のために家を出て壁沿いに先を急ごうとする人たちとの間で、こぜりあいがあった。しばらくしてから、また爆発が起こったが、今度もそれほど近くではなかった。

三回目の警報が発せられたとき、私は、ちょうど放送センターに着いた。放送局の中にいる人たちは、警報が鳴っても、誰も空襲シェルターへ行く余裕はない。

放送のスケジュールは大混乱となる。暫定的な番組が急いで取り繕われるや、前線からのニュースとか、外交的な類の重要な発表が挿入されるといった具合。この種のニュースをできる限り早く放送するために、番組は中断につぐ中断という事態となる。至る所に、軍隊行進曲と愛国的な国歌が散りばめられた。

いささか好戦的で自信に満ちた気分が広がりつつある放送センターの廊下もまた、どうしようもない混乱状態にあった。召集された放送局のあるアナウンサーが同僚にさよならを言うためにやって来て、軍服を見せびらかしていた。おそらく、みんなに取り囲まれて感動的で気勢の上がるシーンを期待したのだろうけれど、当の本人はがっかりさせられていた。誰も彼に対してそんなに注意を払っている暇はない。仕方なく彼は突っ立ったまま、急いで通り過ぎる同僚を引き留めては「ある市民の別れ」と題した彼の番組の少なくとも一部でも電波に乗せてもらい、いつの日かそのことを孫に話せるようにしたがっていたわけである。二週間後には、誰も彼にそんなことをしてやる時間などなく、彼の想い出をきちんとした葬儀をもって称える時間すらもないことを、そのときの彼は知る由もなかった。

スタジオの外で、放送局で働く老ピアニストに腕をつかまれた。親愛なる老先生、ウルシュタイン教授だった。通常、人が人生を時間や月日で測るところを、彼はピアノ伴奏をしてきた十年単位で測る。教授は何か過去の出来事の詳細を思い出そうとするとき、お定まりの前置きをして始めるのだった。「さあて、ちょっと考えさせて下さいよ。私はその頃、誰それの伴奏をしておりましてな……」そして、道ばたの里程標のように、何年の何月何日、誰を伴奏したかを思い出すと、決まってその他の些細なことまで思い巡らすことになるのだった。今や所在なく呆然とスタジオの外に立っているだけの老教授。この戦争はピアノ伴奏もなしにどのように遂行されるのか。一体、どうなってしまうのか……とでも問いたげに。

途方にくれて、教授は嘆き始める。「今日、仕事していいのかどうか、何とも言おうとせんのだよ……」この日の午後まで、我々二人はそれぞれ自分のピアノを使って仕事をしていた。音楽放送はそのまま続いていたが、いつもの番組ではなかった。

その日の昼すぎ、我々スタッフの何人かは空腹をおぼえて、近くのレストランで昼食をとるために放送センターを出た。通りはおおむねいつもの感じだった。市の主要な道路は、路面電車、自動車、歩行者とで大変な交通量だった。店々は開いていたが、市長が市民に対して買いだめをする必要はない、保証する、と訴えていたので、店の外に行列する光景は見られない。行商人たちは、豚の絵が描いてある紙の玩具を売っていて、それはなかなかいい商売になっていた。家に持ち帰り、あるやり方で広げると豚がヒトラーの顔に変わるというもの。

いくらか手間取ったが、我々はテーブルについた。いくつかのお馴染みの料理が今日はなかったり、別の料理がいつもより少し割高になっている。山師たちは早々と仕事に取りかかっていたというわけだ。

我々の会話の内容は、即時参戦をいまかいまかと待ち望んでいるフランス、イギリスの宣戦布告についての話題を中心に展開した。二、三人の諦めの速い悲観論者は別にして、我々の大部分は英仏がいずれ戦いに加わることを確信していたし、かなりの者が米国もまた参戦すると考えていた。さまざまな議論が先の〝大戦〟の経験から引き出される。みんなに共通する感情は、こうだ。つまり、先の大戦の唯一の目的だったことが、いかに現在をよりよい方向に導いてくれるか、そしてこの戦争でうまくそれをなしうるか証明されるべきだ、と。

フランスと大英帝国による宣戦は、九月三日に現実のものとなる。

私は十一時になってもまだ家にいた。我々は重要なニュースの一語たりとも聞き逃すまいと、終日ラジオにかじりついていた。前線からのコミュニケは期待に反するものだった。我が騎兵隊が東プロシャを攻撃し、我が空軍がドイツ軍の標的に爆撃を加えていたが、そうこうするうちに敵の力が勝り、至る所でポーランド軍を退却させ、敵の進軍に拍車がかかるようになる。我が国の宣伝では、ドイツ軍の飛行機と戦車はボール紙でできており、煙草のライターにしか使えない合成燃料で走ると伝えられていたのに、どうしてそんなことになってしまうのか。目撃者の話によれば、何機かのドイツ軍の飛行機がワルシャワの上空で撃ち落とされて、紙の服や靴をつけた敵の飛行士の死体を見たという。そんな劣悪な装備しかもたない軍隊なのにどうして我が軍を撃退させることができるというのか。……馬鹿げたことだった。

母は居間で忙しく働き、父はヴァイオリンの練習に励み、私は肘掛け椅子に座って本を読んでいた。いつもの番組が突然中断され、今からきわめて重要な告知がある旨の声が聞こえてきた。父と私はラジオのそばに急いで行き、母は隣室にいる姉たちと弟を呼びに行く。その間、ラジオは軍隊行進曲を流し続けた。アナウンサーは先の言葉を繰り返し、また行進曲が何度か流れ、お知らせのためのお知らせを繰り返す。精神的な緊張感にこれ以上耐えがたくなった頃、国歌がやっと流されて、大英帝国の国歌がその後に続く。その時、我々はもはや単独で敵に相対しているのではないことを知った。――我々には強い同盟国がある。戦争には優勢の時もあれば劣勢の時もあり、とかく紆余曲折がつきもので、さしあたり我々の状況もそんなによくはならないだろうが、間違いなくこの戦争には勝つだろう、と。

このラジオ放送を聴いて抱いた感情を述べるのは難しい。母は目に涙をため、父は恥を忘れてすすり泣き、弟ヘンリクは私に拳骨をくらわせる機会をうかがい、すねたような口調で言った。

「そうだろう？　僕が言ったとおりだろう、僕が！」

レギーナは、このような有事に、兄弟が争うのを見たくなかったので、静かに仲裁に入った。

「さあ、おやめなさい。こうなることはわかっていたのよ」

彼女は口ごもって付け加えた。

「条約による当然の結果よ」

レギーナは法律家でこうした問題の権威だったから、彼女と議論することなど無用である。その間、ハリーナはラジオのそばに座って、ロンドンに周波数を合わせようとしていた。彼女はこのニュースを直接に確認したかったのだ。

二人の姉は家族の中でいちばん冷静だ。誰に似たのだろう。きっと母に違いない。けれども、レギーナとハリーナに較べたら、母でさえ、感情的な性格のように見えてしまう。

四時間後、フランスがドイツに宣戦布告。

その午後、父は英国大使館ビルの外で行なわれるデモに加わりたいと言い張った。納得しない母をよそ目に、勇躍と出掛けていった。

やがて父は、極度に興奮して家にもどってきた。群衆に押しつぶされたために衣服が乱れていた。彼は、我が国の外務大臣や英国、フランスの大使を見て元気が出て、誰彼かまわず一緒に歌った。ところが、突如、群衆に向かって、空襲が来るかも知れないからできるだけ早く解散するようにとの要請があり、その指示通りに人々が動いたので、父は危うく窒息するところだったという。いずれにしても、父はとても嬉しそうで、上機嫌そのものだった。

不幸なことに、我々の喜びは長くは続かなかった。前線からのコミュニケがしだいに緊急の様相を呈していく。

九月七日の夜明け前、我々の住まいのドアを強く叩く音がした。向かい側の家に住む医者が、軍靴を履き、狩猟用のジャケットを着て、運動帽をかぶり、リュックサックを背負って立っていた。ドイツ軍がワルシャワに近づいていること、政府がルブリンに移ったこと、動ける人はみな街を去り、ヴィスワ川のずっと先まで行っていること、そして、ヴィスワ川には新たな防衛ラインが設けられていることなどを知らせてくれた。彼は急いでいたのだが、情報を伝えることを義務と考えたのだろう。

初めは、家族の誰もがこうした事態を信じられないでいた。で、別の隣人からも情報を得ようとした。ヘンリクはラジオのスイッチを入れたが、何も聞こえない。放送局は放送を止めている。多くの隣人たちはすでに逃げ出していた。どの住居にも鍵がかかり、女たちが夫や兄弟たちのために、泣きながら最悪の場合に備えて荷造りをしている家もあった。医者が真実を伝えたことは疑いようもない。

私はといえば、即座にここにとどまろうと決心した。市の外でさまよい歩く場所など、どこにもない。どうせ死ぬことになっているなら、家のほうが早く死ねる。そして、父とヘンリクが行ってしまっても、母と姉たちの面倒を誰かが見なければならない。しかしながら、みんなで話し合ったところ、誰もがここにとどまる決意を固めていることがわかった。

それでも、母は義務感から、我々に街を離れるよう説得しようとした。彼女は、我々がワルシャワを抜け出すことに賛成しながらも、そこにはまた新たな問題が出てくるだろうと、これから始まる恐怖を見越し、目を大きく開けて一人一人を見据えた。しかし、みなここに残る決意が変わらないことを知って、本能的な安堵と満足とが、彼女の穏やかで表情に富む目に現われた。何が起きようと、一緒にいたほうがいいのよ！

私は八時まで待って外出したが、街の様相が激変していたことを知ったにすぎない。どうすれば、ほんの数時間で街の外観がこうもすっかり変わり果ててしまうものなのか。

商店はみな閉じられていた。街路に電車はなく、すし詰めに人を乗せた車だけが同じ方向を目指して走り去っていく――ヴィスワ川に架かる橋のほうへと。

軍の分遣隊がマルシャウコウスカ通りを行進していた。兵士たちは傲慢な振舞いを見せて、歌をうたったりしていたが、いつになく規律が緩んでいるのが見て取れた。彼らの帽子はみな違った方向を向いていたし、カービン銃を好きなように担いでいて、歩調の合った行進どころではない。兵士たちの顔には、自ら率先して闘うことを諦めてしまった表情がうかがわれた。軍隊という厳格で完璧に機能すべき機械の部品でなくなってから相当時間が経っていたようだった。舗道にいる二人の若い女性が兵隊たちにピンク色のアスター（エゾギク）を投げ、なにごとかヒステリックに叫んでいたが、気をとめる者など誰もいない。人々は急いでいた。ドイツ軍が攻撃を始めてくる前に、いくつかの最後の大事を済ませ、ヴィスワ川を渡るつもりなのであろう。

これらの人々はみな、以前の夕方の情景とは違って見えた。ワルシャワはとても優雅な都市だったはずだ。ファッション雑誌からそのまま抜け出たように着飾った淑女や紳士たちにいったい何が起こったのだろうか。今やあちこちに向かって走り回る人たちは猟人や旅行者のような出立ちをしていた。長靴とかスキー靴を履き、スキーズボンや乗馬ズボンを身につけ、ヘッドスカーフをまいて、リュックサックや歩行杖を手にしていた。大急ぎで服を着たので、身だしなみどころの話ではなかったのだろう。

つい昨日まで、あんなにきれいだった街路は、たちまちがらくたや汚物であふれかえっている。別の兵隊たちが通りのあちこちに座ったり、横になったりしていた。前線から直接ここに引きあげてきたらしく、彼らの顔の表情や態度、動作には極度の消耗や意気消沈ぶりが認められた。実際、前線では居場所がなくなってここに居るのだということを市民にわからせるためなのか、兵士たちは失意を大袈裟に示そうとしたが、そんなことをしても無駄だった。ある有志たちが兵隊から集めた戦場の新しいニュースをもってきたからだ。みな暗いニュースばかりだった。

私は本能的に拡声器を探して、あたりを見回した。おそらく片付けられてしまったのではないか。いや、もちろんまだ元の場所にあったが、沈黙したままだった。

私は放送センターへと急いだ。どうして放送がないのか。どうして人々を元気づけ、この大量移動を止めさせないのか。しかし、放送局は閉まっていた。経営陣は街を去り、出納係だけが残され、前もっての通告もなく、放送局の職員と出演したアーティストに、急いで三ヵ月分の給料を支払っていた。

「僕たち、どうしたらいいんでしょう」

私は上級管理者の手を取った。彼はポカンと私を見た。私の手を振りきると、にわかに怒りに変わった目に嘲笑が浮かんだ。

「知るもんか」

吐くように言い捨てると、肩をすくめ、荒々しくドアを閉め、大股で通りへ出ていった。

こいつはどうしようもない。

誰も逃げ出す人たちを説得できないでいた。街灯の拡声器も黙ってしまったし、誰も道路をきれいにしなくなった。汚物だろうか。パニックだろうか。それとも、闘わずして通りから逃げ出す恥辱だろうか。この都市が突如失った威厳は回復できない。これは敗北だった。

私は心底落胆して、家路についた。

翌日の夕方、ドイツ軍の砲兵隊による最初の砲弾が我が家の向かい側の材木置き場に落ちた。白い紙の帯が念入りに貼られた、角の商店の窓が真っ先に崩れ落ちた。

3　最初のドイツ人たち

最初に爆撃があった日からの二、三日は、有り難いことに状況が相当よくなった。市は要塞となることが宣言され、司令官が任命された。彼は市民に対し、今いるところにとどまり、自らすすんでワルシャワを守る姿勢を示すように訴えかけた。ヴィスワ川の湾曲部の向こう岸では、ポーランド軍による反撃が組織されつつある。その間、味方が救いにきてくれるまで、我々はワルシャワにいる敵の主力を引き留めておかなければならない。ワルシャワ全体を巡る状況もよくなっている。ドイツ軍は市を砲撃するのを中止していた。

一方、敵の空襲は勢いを増していた。今や、空襲警報もない。この空からの攻撃に対し、市はなす術もなく、防御態勢に入るのにも時間がかかりすぎた。ほとんど一時間ごとに、銀色の爆弾の姿が秋の真っ青に澄んだ上空に現われ、我が軍による対空砲火が白く吹き出るのが見えた。こうなると、我々は急いでシェルターに入らなくてはならない。もう冗談事ではない。全市が爆撃されていた。空襲シェルターの床も壁も、その爆音で揺れた。誰かが隠れている建物の上に爆弾が落ちようものなら、その人は確実に死ぬことになる。いうなればロシアン・ルーレットという死の遊びのようなものだ。救急車がしょっちゅう市内を走り回っていて、すべて出払ったときには、タクシーで補われ、時には日常生活で使う馬車までも駆り出されて、廃墟に置き去りにされた死者や負傷者を運んだ。

市民の士気は高く、時間が経つにつれ意気が上がっていた。もはや我々は、九月七日のように、僥倖をあてにすることなどできなくなり、個々人の判断にもとづく行動にしても頼りにならなくなっていた。今や、指揮官がいて、弾薬を備えたひとつの立派な軍隊だ。自衛という目的を持ち、その成否は我々自身にかかっている。ひたすら全力を出さなければならない。

指揮を執る将軍は、ドイツ軍の戦車をくい止めるために、市の周りに塹壕を掘るよう呼びかけた。我々はみな自発的にその作業に加わった。午前中、母だけが家に残って住居を守り、家族の食事を作った。

郊外のはずれにある丘の斜面に沿って掘り進む。優雅な庭つき邸宅が並ぶ住宅地をバックに、樹木でこんもりした市の公園が前面に広がっている。爆弾にさえ狙われなければ、実際のところすこぶる快適な仕事だ。爆弾はさほど正確ではなく、離れたところに落ちたが、塹壕の中で働いているときなど、そのうちのひとつがいつかは我々に命中するかもしれないと思いつつ、ヒューッと頭上を通り過ぎる音を聞くのはなんとも気味が悪かった。

最初の日、カフタン（トルコ風作業着）とヤームルカ（ユダヤ教徒の小さな帽子）に身を包んだ年老いたユダヤ人が私の傍らで熱心にシャベルで土をすくっていた。聖書の言葉を想い起こさせるような熱烈さをもって掘るのだが、あたかも不倶戴天の敵であるかのように自分の身を思いっ切りシャベルの上にのせ、口から泡を吹き、青白い顔から汗を噴き出させ、全身を震わせては筋肉を動かした。体を動かすごとに歯ぎしりをし、その様たるやあたかもカフタンと顎髭の黒いつむじ風を想わせる。彼は自分の能力をはるかに超えてどこまでも働いたが、極めて小さな成果しかあげられないでいた。シャベルの先はむき出しの泥にさえ突き刺さらない。せっかく掘り出しても、乾いた黄色い土塊は塹壕の中へ滑り戻ってしまう。この哀れな男は最大限の力をふりしぼっていくらシャベルを振り回しても、泥を塹壕の外に投げ捨てられないでいた。

時折、男は苦しそうに咳き込んで、土の壁によりかかった。そして、死人のような青白い顔をして、ペパーミントを混ぜた飲み物をすする。この飲み物は、掘る作業には加われないけれども何か役に立ちたいと願う老婦人たちが、働く人たちを元気づけるために作ったものだった。

「働きすぎだよ」この老人が休息している機会を見て、私は言った。

「力がないんだから、もうよしたほうがいいんじゃないかな」

可哀想になって、止めさせようと説得もした。彼は明らかに、この仕事に向いていない。

「ごらんよ、誰もあんたに、こんなことをしろなんて言ってないよ」

彼は私をひと目見て、まだ苦しそうに息をしていた。そして、空を見上げた。静かなサファイアブルーの空には、砲弾による白い雲がまだ舞っている。歓喜の表情が男の目に浮かぶ。あたかも天にましますヤハウェの姿を据えたかのように。

「俺には店がある……」ささやくように言った。

いっそう深くため息をしたそばから、一気にすすり泣きを始めた。ふたたびシャベルを我を忘れてふりまわすと、彼の顔に自暴自棄の表情が浮かんだ。

二日後、私はこの穴掘り作業を止めた。放送局では、以前に音楽部門の主任だったエドムンド・ルドニツキが新たにディレクターとなって放送を始めたということだ。彼は他の者たちのように逃げ出さず、散りぢりになった仲間を集めて放送局を再開したのだった。私は塹壕を掘るよりも、放送局のほうがはるかに役に立てると結論を下した。これは間違ってはいない。私はソリストとしても伴奏者としても大いに弾いてきたのだから。

その間、市の事情は、市民の勇気や決断が増すのに反比例するように悪くなり始めたと言いうるかもしれない。ドイツ軍が再びワルシャワを砲撃し始め、最初は郊外が、その後しだいに市の中心が砲撃に晒された。ますます多くの建物から窓ガラスがなくなり、直撃を受けた壁には丸い穴が開き、レンガ造りの建物の角が削りとられた。夜には、空が火事の炎で真っ赤になり、大気は燃え焦げる臭いで満たされた。

食糧もなくなりかけていた。この食べ物の一件では、英雄的な市長スタジンスキもひとつの誤りをおかしたといえる。人々に食糧の確保について助言などすべきではなかった。今や、市はその内部に食糧を供給しなければならないだけでなく、市内に閉じこめられている兵隊たちを食べさせねばならない。加えて防衛力を増強するために西方からポズナンの部隊がワルシャワへ向かっていたのである。

九月二十日前後に、我々、家族全員はシリスカ通りの住居からパニスカ通りの建物の一階に住む友人のもとへ引っ越した。私の家族はみな、防空シェルターが嫌いだった。地下室の息詰まるような空気など吸えたものじゃないし、低い天井がいつ何時落ちてこないとも限らない。また幾階もある建物が崩壊しようものなら、下まで一緒に埋もれてしまいそうだったからである。しかし、そうはならなくとも、我々が住んでいた四階の住居が持ちこたえることは難しく思われた。すっかりガラスのなくなった窓を通して砲弾の音が響きわたるのを聞くにつけ、その中の一つが我々の建物にいとも簡単に当たりそうな気がしたのである。で、一階のほうがまだましだと結論したしだい。上のほうの階に砲弾が命中し、破裂しても、我々は地下へ降りずに済むだろうということだ。友人の住居には、すでに沢山の人々がいた。とても混雑していて、我々は床の上で眠らなければならなかった。

そうこうしているうちに、この都市《まち》の悲劇の第一幕、ワルシャワ包囲戦は終わろうとしていた。放送センターまで行くのがますます困難になる。砲弾の破片に当たって死んだ人や馬の死体が通りのいたる所に横たわり、市の水道施設が砲撃と爆弾で破壊されてしまったので、火を消そうにも、どうにもならなくなっていた。スタジオで演奏することも危険になる。ドイツ軍は市の最重要地点とおぼしき場所という場所を的確に砲撃した。アナウンサーが番組を予告するや否や、ドイツ軍の砲台は放送センターめがけて砲門を開いた。

この包囲戦の最終段階で、破壊行為に対する市民の病的なまでの恐怖感は極限に達した。誰もがスパイの嫌疑をかけられ、釈明する余地もなく射殺された。

我々が友人のもとに暮らすために移った建物の五階に、音楽教師をしている年輩の独身女性が住んでいた。ホーファーという姓であることと、勇敢であることが彼女に災いした。その勇敢さたるや、まさに奇行といってもよかった。空襲がきても砲撃があってもシェルターに行こうとせず、昼食前に日課としている二時間のピアノの練習をひたすら続けていたのである。彼女はバルコニーで鳥籠に数羽の小鳥を飼っていて、一日に三回頑ななまでに規則正しく餌を与えた。

包囲されたワルシャワでは、このような生活ぶりは極めて奇異に見える。その建物の中のメイドたちの目には、ことのほかこれが疑わしく映った。彼女らは管理人の所に集まって、曲がりなりにも政治に関わる話をすることになり、ああでもないこうでもないと話し合ったあげく、彼女らは確たる結論に達した。――かくも間違いようもないドイツ名をもった教師は、ドイツ人に違いなく、彼女のピアノ演奏はドイツ空軍パイロットに対する、どこに爆弾を落とすべきかという信号を送るための秘密の暗号である、と。もはや一刻の猶予もなく、興奮した女たちはこの〝奇行者〟の部屋に押し込み、老女を縛り上げ、彼女の行為の証人である鳥たちと一緒に地下の一室に閉じこめてしまった。ところが、これが期せずして彼女の命を救うことになる。数時間後、砲弾が彼女の部屋を直撃し、全壊という事態に。

九月二十三日に、私はマイクロフォンの前で最後の演奏をした。この日、どうやって放送センターまでたどり着いたか、今でも思い出せない。ある建物の玄関から次の建物の玄関まで走り、隠れてはまた通りへ出て、また走る。この時にはもう砲弾の音は遠くなっていた。

放送センターのドアのところで、スタジンスキ市長に出会った。髪を乱し、髭は剃っておらず、死人さながら疲労困憊の表情をしていた。何日も眠っていないのだろう。防衛戦に身も心も打ち込む彼は、真に市の英雄だった。ワルシャワの運命への全責任が彼の双肩にかかっているのである。

スタジンスキはどこへでも出掛けた。あちこちの塹壕にも赴いた。バリケードで封鎖した建物を管理し、病院を組織し、残り少なくなった食料品を公平に分配し、空襲に対する防衛、防火態勢を整え、さらに毎日、市民に話しかける時間もやりくりした。誰もが、彼の演説を熱望し、その一語一語で勇気を奮い起こすのである。市長がものごとに確信を抱いている限り、誰も元気をなくす理由などない。いずれにしろ、状況はそんなに悪くは見えなかった。フランス軍がジーグフリート線を破り、ハンブルグは英国空軍により深刻な爆撃を受け、英国軍がそのうちにドイツに上陸しつつある……そんなふうに我々は考えていたのである。

ラジオ局での最後の日、私はショパン・リサイタルを開く。これがワルシャワからの最後の音楽放送となる。演奏している間中ずっと、放送センターの近くで砲弾が炸裂していた。我々の至近距離で建物が燃えている。騒音がひどく、自分が弾いているピアノの音はほとんど聞き取れなかった。

リサイタルの後、砲撃が収まり、家に帰れるようになるまで、二時間も待たなくてはならなかった。両親、弟、姉たちは、私が敵弾の犠牲になったに違いないと考えていたらしい。家に着いたときには、墓場から出て来た人間のように迎えられた。メイドだけが、なにごとも心配ご無用という考えの持ち主で、「何といっても、ポケットに証明書を持っているのよ」と指摘した。

「死んだとしても、どこへ連れていけばよいか、すぐわかるわよ」

その日の午後三時十五分、ワルシャワ放送局は電波を止めた。ラフマニノフのピアノ協奏曲（第二番）ハ短調の録音が放送されていた。美しく平和な第二楽章が終わろうとしたちょうどそのとき、ドイツ軍の爆弾が電源室を破壊した。突然、街中の拡声器が静かになった。

夕方になって、砲火が再び猛威を振るい始めたにもかかわらず、私はピアノとオーケストラのための小協奏曲の作曲に取りかかっていた。この作業はだんだん困難になっていたが、九月いっぱいこの作品に取り組んだ。

夕方暗くなってから、私はふと窓から外を眺めた。燃えさかる炎で真っ赤になった道路には誰もおらず、何の音も聞こえない。炸裂する砲弾のエコーが響くだけ。左の方角を眺めると、マルシャウコウスカ通りが燃えていて、クロレウスカ通りも我々の背後のグジボウスキ広場も、真っ直ぐ前方のシエンナ通りも炎上していた。どすぐろい血のような赤い煙の大きな塊が建物の上に不気味に迫ってくる。

街には、車道にも舗道にも、ドイツ語で書かれた白い印刷物が散らばっていて、それには毒がくっついているとうわさされ、誰も拾おうとはしない。交差点の街路灯の下に、二つの人体が横たわっていた。ひとつは腕を大きく広げ、もうひとつは寝ているかのように丸くなっていた。我々の建物のドアの外には、頭と片方の腕を吹き飛ばされた女性の死体があった。その傍らに、バケツが引っくり返ったまま放置されていた。井戸から水を運ぶ矢先のことだったのだろう。彼女の血が長く延び黒い流れとなって溝の中に注ぎ、格子の覆いがついた排水溝に達していた。

一台の辻馬車がヴィエルカ通りからやって来た。難儀しながら道を進み、ジェラズナ通りのほうへ向かっていた。ここまでどうやって来たのか、なぜ馬も御者も異様にのんびりとしているのか。男は馬をソスノワ通りの角で止めて、ここを曲がろうか真っ直ぐ行こうか思案しているふうだった。彼は少し考えてから真っ直ぐ行くほうを選んだ。男は舌を鳴らし、馬は駆けだす。街角から十歩ほど行ったところで、ピューッという音がした。と同時に叫び声が上がり、道路は一瞬、フラッシュを焚いたように白い光でライトアップされた。私は目が眩んだ。再び目が薄明かりに慣れたときには、車はなかった。裂けた木材、車輪とシャフトの残骸、座席の布張りと、そして御者と馬の粉々になった身体が建物の壁のそばにころがっている。もしも、彼がソスノワ通りの角を曲がっていたなら……。

恐ろしい九月二十五日と二十六日がやってきた。爆発音が、ドドドッと凄まじく鳴り響き、飛行機のブーンという音が強烈に耳をつんざく。そこに、銃撃の雷鳴のような轟音が入りまじる。煙が空中にたちこめ、煉瓦と壁土を砕いた埃が舞いあがる。この埃がそこら中に充満し、地下室や部屋に閉じこもっていた人々は息がつけなくなり、この界隈からできるだけ離れたところに逃げ出すほどだった。

どうやってこの二日間を生き延びたか、記憶がない。友人の部屋で、隣り合わせに座って話をしていたら、砲弾の破片が飛んできて、その友人に当たり、死んでしまったこともある。私は、一晩と一日、小さな手洗い場の中で、十人もの人間と過ごした。数週間後、それがどうして可能だったか不思議に思い、そのときの場面を再現してみようと試してみた。生命の恐怖に晒されていない状況だとすると、実際、せいぜい八人しか入れないことがわかった。

ワルシャワは、九月二十七日水曜日、陥落した。

都市《まち》の中へ敢えて出掛けてみたのは、その二日後だった。重たい気分のまま家路についた。もはや、都市《まち》は存在していなかった——あるいは、あのとき、私はこれから経験することなど予想できないまま、そんなふうに思っただけかもしれない。

ノーヴィ・シヴィアト街は狭い裏通りで、たくさんの瓦礫の間を道が曲がりくねっている。どの曲がり角でも、転覆した電車や引き裂かれた舗装石材などからなるバリケードを迂回しなければならない。通りのそこここに腐敗した死体が積み上げられていた。包囲後で飢えた人たちが、そこらに横たわる馬の死体を襲う。多くの廃墟と化した建物はまだ燻っていた。

イェロゾリムスキ大通りにさしかかったとき、一台のサイドカー付きバイクがヴィスワ川の方角から近づいてきた。見慣れない緑の軍服を着て、鉄のヘルメットをかぶった二人の兵隊が乗っていた。ふてぶてしく無感動な顔つき、薄い青色の目。舗道の脇で止まり、びっくりしている少年に呼びかけた。少年が彼らのもとに行く。

「マーシャル通り！　マーシャル通り！」

彼らはこの一語を繰り返した。マルシャウコウスカ通りのドイツ名である。

少年は面食らって、口を開けたまま一言も発せず、突っ立っていた。兵隊たちは堪忍袋の緒を切らせた。「うーん、畜生め、こりゃあ、だめだ！」

運転手が怒鳴り、怒りの仕草を見せた。すぐにアクセルに足をかけ、轟音をとどろかせて去った。

私が最初に見たドイツ人だった。

数日後、二ヵ国語で書かれた声明文がワルシャワ中の壁に掲示された。ドイツ軍の司令官から発表されたもので、市民の平和な労働条件とドイツ国家による保護が約束されていた。ユダヤ人に向けられた特別な条項もあった。それによると、全ての権利と財産の不可侵性が保証され、生命は全く安全であるということだった。

4　父、ドイツ人に頭を下げる

我々はシリスカ通りへ戻った。そんなことはありえないと思っていたのに、我々の住居は無傷だった。いくつかの窓ガラスはなくなっていたが、他は無事だった。ドアはロックされたままだったし、部屋の中のごく小さなものにしても元の位置にあった。この界隈の他の家も無傷か、ほんのわずかに損害を受けていたにすぎない。

次の数日間、知人たちがどうなったか、気になって出掛けてみると、市街はひどい被害を受けていたけれども、基本的にはまだ倒壊していないことがわかった。相変わらず煙を上げている広大な廃墟を歩いてみて、損害は初めに考えていたほどには重大ではないことにも気づいた。人間についても、同じことが言えた。最初は、死者がこの都市《まち》の人口の十パーセントに当たる十万人にのぼるという噂が出て、みんなゾッとしたものである。その後、およそ二万人が亡くなったことがわかった。死者の中には、ほんの数日前まで元気な姿を見かけたのに、今や残骸の下敷きになっているか、砲弾で粉々にされた友人たちも含まれる。姉レギーナの同僚の二人は、コシコヴァ通りの建物が崩壊した際に死んだ。その近くを通りかかるときには、ハンカチを鼻に当てなくてはならない。八つの腐敗した死体の胸の悪くなるような臭いが、地下室の塞がれた窓から漏れ出て、空気を汚していた。また、一個の砲弾がマゾヴィエツカ通りにいた私の同僚の命を奪った。彼の頭部が見つかってすぐ、散乱した残りの部分がかつての有能なヴァイオリニストのものであることが確認された。

これらのニュースはみな恐ろしいものだったけれど、だからといって、まだ生きているという動物的な歓びを阻止してしまうものではなかった。意識下の部分ではこうした感情をもつのは恥として抑えるものの、死を免れた人にとっては当面の危機を回避したことでもあったからである。一ヵ月前には永遠の価値となっていたものがすべからく破壊されたこの新しい状況では、それまでほとんど気にとめなかったもの――心地よいがっしりとした肘掛け椅子、目を休めてくれる白いタイル張りの暖炉、床板のきしむ音などがものすごく大きな意味を持つ。家庭というものの穏やかで柔らかな雰囲気の快い予感がそこにある。

そうしたことがあってのち、ふたたび音楽に親しみ始めたのは父だった。続けて何時間もヴァイオリンを弾いては現実から逃れようとした。誰かが何か悪い知らせを持ってきて演奏をさえぎっても、眉をひそめ苛立った素振りを示すものの、すぐにすっきりした表情でヴァイオリンを顎にあて、こう言うのだった――「よう、心配はいらんよ、連合軍は一ヵ月もすればここに来るさ」。そう、あの頃直面したさまざまな問題に対してこのお定まりの答えをし、ドアを後ろ手に閉めたあと、とっても幸せな音楽の世界に浸るというのが父の流儀だった。

蓄音器を持っていて、ラジオが聴ける人たちからの最新のニュースは、不幸なことに父の楽観論を立証するものではなかった。我々が耳にしたどんなことも正確ではなかった。フランス軍はジーグフリート線を打ち破るつもりはないし、イギリス軍は、ドイツの海岸へ上陸することはもちろん、ハンブルグの爆撃を計画するだけで、それ以上のことには至らなかった。

一方、ワルシャワではドイツ軍による最初の人種狩りが始まっていた。最初のうちこそ、加害者が新たないじめの手段を実行に移すのを恥じるかのように、ぎこちないやり方で行なわれ、いずれにしてもとことん実行するところまではいかなかった。

小さな民間の車が通りに入ってきて、ユダヤ人を見つけると不意に舗道の脇で止まった。ドアが開けられ、手がのびて、指を曲げた。「入れ！」

そんな襲撃に遭い、戻ってきた人たちは、初めてこうむった虐待ぶりについて千差万別の反応を示した。とはいえ、まだそれほどひどいものではなかった。肉体的な仕打ちにしても、せいぜい平手打ちか拳骨、時に蹴りが入る程度。けれども、めったに経験することではないので、ドイツ人からビンタを喰らうのはどうも不愉快なことだとは思いつつも、犠牲者たちはことさら深刻には受け止めていなかった。要するに、彼らが殴られたのは、動物がちょっかいを出して人をつついたり、蹴ったりするのと同じ程度の、およそモラルの意識などが及ばないレヴェルであったわけで、その時点ではまだ、事の重大さには気づきもしなかったわけだ。

戦争の初期の段階においては、人々の反応は、国の運を天に任せて逃げ出してしまった政府と軍部に対する怒りのほうが、ドイツ軍への憎悪よりも強かった。我々は、かの陸軍元帥が敵に軍服のボタン一個たりともやらないと誓った台詞を苦々しく思い出していた。なるほど、そうはならなかったけれども、それは彼が外国へ逃げ出して救われた際、ボタンがその軍服に付いていたためにすぎない。そういうわけでドイツ軍のおかげで、混沌の中にあったポーランドに何らかの秩序がもたらされた、したがって我々の暮らしも少しはましになるかもしれない……そういう具合にほのめかす声もないではなかった。

しかしながら、今やドイツ軍がポーランドとの軍事的な戦いに勝利を収めるに及んで、いわば政治的な闘争という性格が失われ始めることになる。一九三九年十二月、初めてワルシャワ市民百人の処刑が行なわれたが、これは一つの重大な転換点となった。数時間の間に、ドイツ人とポーランド人の間に憎悪の壁ができ、占領の後年になってドイツ人たちは若干の改善の姿勢を示したものの、どちらからもこの壁を克服することには至らなかった。

かくて、いよいよ命令に従わない場合は死、という罰則を課す布告がドイツ軍から出される。とりわけ、パンの取引に関することが最も大きな関心事となった。戦前の価格よりも高く売ったり買ったりして見つかった者は射殺するという。この禁止命令は我々に痛烈な印象を与えた。我々は何日間もずっとパンなぞにありつけるどころではなく、芋とか澱粉質のものを食べていたわけだから。

そんな禁止令が発せられたとはいえ、ヘンリクが耳にしてきたところによれば、実際にはまだパンが売られていて、買った人が必ずしもその場で死ぬようなこともないらしい。そこで、我々もパンを買い始めた。その間通告は撤回されず、五年間の占領期間にわたって、誰もが日々パンを食べ、パンを買っていたわけだから、この罰則を適用するとなるとドイツ支配下のポーランドで、この違反だけでも何百万という死の宣告がなされねばならなくなる。しかしながら、ドイツ人によるこの布告が重要なものではなくなったと納得するには時間がかかった。そして、むしろ本当の危険は青天の霹靂のように、どっと押し寄せてきたのである。それがいかに嘘のようであっても、こまごまとした規則によって知らされることがなかったものだから、この点でも我々は納得するのに時間を要したのである。

そのうちにユダヤ人だけに適用される布告が公示されようとしていた。ユダヤ人の家庭は二千ズウォティ以上の現金を持つことができなくなる。他の蓄えや価値ある物品は封鎖状態のまま銀行に預けねばならなくなったし、不動産もドイツ軍に引き渡さねばならなくなった。当然ながら、誰しも自分からすすんで敵に財産を渡すほど世間知らずではない。みながやっているように、我々も貴重品を隠すことにした。もっとも、貴重品といっても父の金時計と鎖と五千ズウォティほどしかなかったけれども。

これらを隠す最良の方法について熱心に議論することになった。父からは先の戦争の時に試した方法が提案された。例えば、食堂のテーブルの足に穴を掘り、そこに大事なものを隠すというようなやり方。

「で、奴らがテーブルを持っていったら、どうなるんだい?」ヘンリクは皮肉っぽく尋ねた。

「馬鹿なことを言うな」父はうんざりした顔つきで切り返した。「何で奴らにテーブルが要るんだ? こんなテーブルが」

父は軽蔑するようにテーブルをちらっと見た。クルミの木でできたテーブルの磨き上げられた表面には液体をこぼした跡があり、一ヵ所ばかりベニアがはがれていた。父はこのテーブルが価値あるものと見なされないようにするにはどうすればいいか、そんなことを考えながら隅々まで注意深く調べた。そして緩んだベニアに指を押しつけると、ぽきんと折れてむき出しの木片が後に残ってしまった。

「あっ、何をなさるの」母が叱った。

ヘンリクは別の提案をした。心理的な方法をとること、つまり時計やお金を完全にさらけ出したままにすべきだと主張した。ドイツ人たちはあらゆるところを探すだろうが、テーブルの上の貴重品には気づかないだろう、と。

それやこれやアイディアを出し合ったあげく、我々の意見はすんなり一致した。時計は食器棚の下、鎖は父のヴァイオリンの指板の下にそれぞれ隠し、お金は窓枠の中に詰め込んだ。

人々はドイツ人警察の厳しい仕打ちに不安を抱いていたが、いずれドイツ軍はワルシャワを口シアに渡し、戦略的情勢に即して占領した地域にしても、早急にポーランドに返還されるだろうと考えて、自らを慰め、気を取り直したものだ。ヴィスワ川の湾曲部には、まだ国境線など引かれてはいない。川の両側から市内に入ってきた人たちは、口々にヤブウォンナやガルヴォリンで、この目で赤軍の隊列を見たと言い張った。そして、そのすぐ後から来た連中は、ロシア軍はヴィルノやルヴフから撤退し、これらの街がドイツ軍の手に落ちるのをこの目で見たと、これまた頑なに主張して譲らない。どちらの目撃証言を信ずべきか、それを決めるのは難しかった。

ユダヤ人の大多数は、ロシア軍が進軍してくるのを待たず、自分たちの財産をワルシャワで売り払い、東へと移動した。これがドイツ軍から逃れうる唯一の方法だったからである。私の音楽仲間のほとんどが行ってしまった。一緒に逃げようと誘われたのだが、私の家族は相変わらず、ここにとどまる決意を変えていなかった。

二日後、仲間のうちの一人が顔にあざをつけ、怒りの表情でいっぱいにしながら、リュックサックもお金も持たず、ほうほうの体で戻ってきた。国境近くで、五人の半裸のユダヤ人が手を木に吊され、鞭打たれているのに出くわしたという。それと、ハスキエレヴィッチ博士の死も目撃した、と。――博士はドイツ人に、川が湾曲しているところを横切りたいと頼みこんだ。彼らは博士にピストルを突きつけ、川の中を歩かせ、もっと先の深いところへと行かせた。彼は足場を失って溺れてしまった……。私の同僚は持ち物とお金を失うだけで済み、殴られて送り返された。それでも、大部分のユダヤ人たちは泥棒にあったり虐待されながらも、ロシアを目指して進んだという。

　我々は、この気の毒な男をむろん可哀想に思ったが、それと同時に誇らかな気持ちにもなった。我々の助言通り、行かなければよかったのだ、と。我々の決意はいかなる論理的な考え方にも動揺させられることはない。まずは、ワルシャワが好きだからここにとどまる。そういうことに拠り所があるのであって、論理的な説明なぞつけようもなかった。

　〝我々〟の決意と言うとき、私は愛する家族を念頭に置いている。父を例外としてだが。父がワルシャワを離れないのは、おそらく自分が生まれたソスノヴェッツからそんなに遠く離れたくないからにすぎない。父はワルシャワを決して好きにはなれなかった。彼がソスノヴェッツを想い、理想化すればするほど、我々にはいっそう困ったことになるのである。父にしてみれば、その地だけが、人生を楽しく生きられ、人々が音楽を愛し、優れたヴァイオリニストが理解される土地なのである。ワルシャワでは、胸の悪くなるような、飲むに耐えない汚れた水しか買えないのに、ソスノヴェッツはちゃんとしたビールが飲める唯一の地である。……夕飯過ぎになると、父はきまってお腹の上に手を重ね、ゆったりと体を後ろにそらし、夢見るように目を閉じ、彼の甘い想像の中だけに存在するソスノヴェッツとかいう町の何の変哲もない理想の姿を復唱しては我々をうんざりさせるのだった。

　晩秋の何週間かは、ドイツ軍のワルシャワ占領がまだ二ヵ月しか経っていないのに、全く思いがけず突然、街は昔の生活に戻った。これほど簡単に物質的な環境と暮らし向きが好転したことは、これまで何ひとつ期待通りに運ばない戦争がもたらしたさまざまな驚異の中でも、我々をいっそう驚かせたことのひとつである。

一国の首都で何百万もの人口を抱える大都市、ここは早や一部破壊され、公僕たる軍隊が機能しなくなるとともに、シレジアやポズナン地域、ポメラニアなどから避難民の波が押し寄せていた。思いがけないことだったが、これらの人々は――雨露をしのぐ屋根もなく、職もなく、先の見通しがまったく暗い中――ドイツ軍の布告の裏をかくことによって、いとも簡単に多額のお金が作れることを実行してみせた。布告が沢山出されるほどに、稼ぐ機会が多くなるというわけだ。

かくて、二つの生活が並行して営まれはじめた。ひとつは、人々にほとんど食わせもせず、朝から晩まで強制的に働かせる、いわば規則に基づく公式の、作りごとのような生活。もうひとつは、それに対し、いわば非公式な生活というべきか、ドルやダイヤモンド、小麦粉、皮革、偽造文書で盛んな取引を行なうというもので、まさしく嘘のような金儲けの機会にめぐまれていた。後者の暮らしをする者たちは常に死と隣り合わせの恐怖下にあったが、その分〝人力車〟に乗って贅沢なレストランへ乗り付け、楽しく日々を過ごすというわけだ。

もちろん、誰でもがそんな暮らしをしていたわけではない。夕方、私が家に帰る頃、毎日シエンナ通りの壁の窪みに座って、コンチェルティーナ（小型アコーディオンの一種）を弾きながら悲しいロシアの歌を歌う女性を見かけたものである。夕暮れになるまでは、おそらく気づかれるのを恐れるあまり、決して施しを乞うたりしなかった。見るからに、およそ一張羅となってしまったのだろう、グレーの服を着ており、その優美さからこれまで豊かな暮らしをしていたことが想像できた。綺麗な顔には生気がなく、その眼差しは通行人たちの頭上のどこか一点に向けられたままだった。深みのある魅力的な声をもっており、それはコンチェルティーナの伴奏にうまく融け合っていた。壁にもたれかかる様など、彼女のあらゆる仕草から見て、今は戦争でこんな暮らしを強いられてはいても、もとは上流社会の女性なのであろう。しかし、そうではあってもお金はよく稼いでいたらしい。乞食商売のシンボルだと彼女自身考えていたのだろう、リボンで飾られたタンバリンにはいつも沢山の硬貨が入っていた。これを足許に置く、誰が見ても彼女が物乞いであることがわかるように。時折、硬貨の他に、何枚かの五十ズウォティ紙幣が混じっていることもあった。

私自身、暗くなるまではできるだけ外出を控えていたが、それは全く特殊な理由からだ。ユダヤ人に課せられたうんざりするような規則の中のひとつに、明文化されてはいないのだが、ぜひとも留意しなければならない事項があった。それは、ユダヤ系の人間はすべてのドイツ軍兵士に対し頭を下げなければならないというもの。この馬鹿げた屈辱的な命令に、ヘンリクと私は激怒を抑えきれなかった。我々はこれを出し抜くためにあれこれと試した。路上でドイツ人に出会わないように遠回りをしたり、どうしても避けられないような場合には、殴られるのを覚悟で気づかない振りをしたり。

ところが、父の態度はまるで違った。できるだけ長いコースを探しだして散歩する。そして、行き交うドイツ人に対し、いわく言いがたい皮肉にみちた好意をもってお辞儀する。すると、父の晴れやかな顔に惑わされて敬礼をもって返す。その兵士があたかも親友でもあるかのように笑顔を見せようものなら、父はそれだけで満足するのである。毎晩、家に戻ると、知り合いの輪が広がったことを何気なく言ってみたい気持ちに駆られるのだろう——ただ路上にいるだけで、何十人もの兵士に取り巻かれてしまうというのだ。父にしてみれば実際、ドイツ人たちのそうした友好的な態度には反抗の気持ちも失せるのであろうか。そうしたとき、礼儀正しく帽子を取る手もすっかりぎこちなくなってしまうらしい。こうしたことを話しながら、父はいつも茶目っ気たっぷりな笑いを見せ、上機嫌に手を擦り合わせたものである。

しかし、ドイツ人たちの敵意は軽く受け取るべきものではなかった。それは、将来、我々を精神的に不安定な状態に置くことを意図したシステムの一部なのである。数日おきに、新たな命令が出された。それらはさほど重要なものではなかったが、ドイツ人が我々を忘れていないこと、忘れるつもりもないことを示していた。

その後、ユダヤ人は列車で旅行することを禁じられる。いつの間にか、我々は電車の切符にしても、〝アーリア人〟の四倍もの料金をとられるようになる。かくて、強制収容所が設けられるという噂が出始めた。二日間、その噂は駆け巡り、我々に絶望を与え、再び消え去った。

5　お前らはユダヤ人か？

十一月も終わりに近づき、いつになく長かった秋の晴天がだんだん少なくなって、冷たい雨がますます頻繁に街を洗うようになった頃、父とヘンリクと私は、ドイツ人たちの〝死に至らしめるやり方〟とやらに初めて出くわした。

ある夕方、我々三人は友人宅に出掛けたのだが、話が弾んで、時計を見たら夜間外出禁止令の時間が迫っていることを知り、驚いた。すぐにいとまを告げても時間内に家にたどりつける可能性はない。焦る気持ちとは裏腹に、十五分遅れたところで大した罪にはなるまい、うまく逃れることができるだろうと考えていた。

コートをつかみ上げ、急いで別れの挨拶をして友人の家を出た。道は暗く、もう誰もいなかった。雨が顔をつき、一陣の風が看板を揺さぶり、街路にはカタカタと鳴る金属的な音が満ちていた。コートの襟を立て、できるだけ急ぎながら静かに、建物の壁にくっつくように歩こうとした。

ジェルナ通りを半分まで進み、無事に家に着けそうだと思い始めたとき、巡回の警官が突然、角を回ってきた。退く間も隠れる間もない。眩しいトーチランプの光を浴びせられ、我々は立ち止まった。どう言い訳しようかとそれぞれが考えていると、一人の警官が真っ直ぐ近づいてきて、我々の顔をトーチで照らした。

「お前らはユダヤ人か？」

別に答えを待っているわけではなく、型どおりの質問だった。「よーし、それなら……」

我々の人種をさすこの言い方には、勝ち誇ったような響きがあった。それはちょうど何かのゲームのように、ついに追いつめたぞというような満足感に似たものを示していた。知らぬ間に我々は捕えられ、壁に向かうように言われると、警官は後ずさりしてカービン銃の安全装置を外した。次の数秒間で、我々は血に染まって舗道に横たわり、頭蓋骨を砕かれて翌日まで放置されることになるのだろう。母と姉たちは何が起こったかを後になって知り、我々を見て絶望することだろう。訪問先の友人にしても、長く引き留めるべきではなかったと自責の念に駆られるだろう。……そんな考えが、他人事を眺めるような奇妙な観念にとらわれたまま頭の中を駆けめぐった。

誰かが大声で言った――「これでお終いだ」。一瞬後、それが自分の声だということに気づいた。と同時に、大声で泣く声と痙攣するようなすすり泣きとが聞こえた。振り向くと、無情なトーチライトの中で、父が濡れたタルマック（タールで舗装した道路）に跪き、しくしく泣きながら警察官に命乞いをしているのが見えた。そんなふうに身を貶めるなんて……。ヘンリクが父のそばにかがみ込み、何かささやいて、立たせようとした。いつも皮肉っぽい笑みを浮かべている冷静な弟ヘンリクが、そのときは非常に和やかに優しく見えた。今日まで一度もそうしたヘンリクを見たことがない。そう、別のヘンリクがいたに違いない。しょっちゅうケンカばかりしていたけれど、きちんとヘンリクを知りさえすれば、理解できるのだ。

私はまた壁のほうに向いた。状況はさして変わらなかった。父は泣いていて、ヘンリクはなんとか鎮めようとしていた。警官はなお我々に照準を合わせていた。白い光に照らされているので、彼らを見ることはできない。そんな中で突如、一秒にも満たない時間のうちに、死の恐怖が去ったことを本能的に感じた。しばらくして、大きな声が光の壁を通して届いた。

「お前ら、何をして暮らしてる?」

我々三人を代表してヘンリクが答えた。彼は驚くほど自制していて、その声は何ほどのこともないかのように静かだった。

「俺たち、音楽家さ」

警官の一人が私の前に出て、コートの襟をつかむと、とうとう気持ちが通じ合ったという感じで私の体を揺すった。我々を生かしておこうと、何とはなしに決めたようだった。

「お前たちは運がいいな。俺も音楽家なんだ!」

そう言って私を突いたので、壁際によろめいた。

「行けよ！」

彼らの気が変わらないうちにトーチの届く範囲からできるだけ速く逃れようと、我々は暗闇へと走った。激しく言い合う声が背後に聞こえた。他の二人が、我々を釈放した一人に抗議している。ドイツ人たちにしてみれば、自分たちの同胞が死んでいくこの戦争を始めたのはユダヤ人だから、同情するに値しないとみていたのである。

さしあたって、ドイツ人たちは死ぬどころか、私腹を肥やす行為を繰り返していた。物を略奪したり、トラックで家具を運び去ったりする。取り乱した世帯主たちは、立派な家具や物品を売り、誰も欲しがらないような価値のないがらくたと入れ替えた。恐怖のためというよりも、もはや家具をもつ必要がないわけだ。

我々もしだいに貧しくなっていった。私の家族の中に、値切るのが達者なのは誰もいない。レギーナもやってみたが、うまくいかなかった。彼女は、弁護士という仕事がら、正直で責任感が強いので、ある商品がどのくらいの値段なのか、二度尋ねたりすることが全くできない。彼女はまもなく家庭教師の仕事につくことになる。父と母とハリーナは音楽のレッスンをしており、ヘンリクは英語を教えていた。その頃、パンを稼ぐすべを持たなかったのは私だけ。無気力に落ち込んでしまい、私にできることといったら時たま自作の小協奏曲にオーケストレーションをつけることぐらいだった。

十一月の後半、ドイツ軍は何の理由もなく、マルシャウコウスカ通りの北側の脇道に有刺鉄線のバリケードを作り始めた。そして月末には、誰もが信じられないようなことを通告してきた。たいていの人が内々に考えていたことのなかでも、まさかそんなことが起ころうとはつゆほども思ってはいなかったことだ。十二月の一日から五日の間、ユダヤ人はダヴィデの青い星を縫いつけた白い腕章を付けなければならないという。つまり、我々は公けに追放者の烙印を押されたわけである。何世紀にもわたる人道主義的な進歩観は取り消され、我々は中世の時代に立ち戻ることになった。

　何週間もの間ずっと、ユダヤ人のインテリたちは自らすすんで自宅拘留の状態にあった。袖にレッテルを付けてまでも街路へ出ようとする者はいない。外出が避けられない場合には、恥辱と苦痛を感じながら視線を地面に落として歩き、誰にも気づかれないように通り過ぎようとしたものである。

　気候の悪い冬の季節が先触れなしにやってきて、寒さは人を殺すためにドイツ軍と結託したかのように思えた。厳しい寒さが何週間も続く。ポーランドではこれまで誰の記憶にもないほどに気温が下がった。石炭は全く手に入らず、あったとしても途方もない値段がついていた。家の中でさえ寒さに耐えられず、何日間もベッドの中にもぐっていなければならないほどだった。

　最悪な事態を迎えたその冬に、多くのユダヤ人追放者たちが西方からワルシャワに疎開してきた。もっとも実際に到着できたのは、ほんのひと握りの人だったけれども。彼らは家畜用のトラックに詰め込まれたあげく密閉され、食べ物、飲み物はおろか、暖をとる手段などいっさい与えられずに送られてきたのである。こうしたゾッとするような移送では、目的地ワルシャワに着くまで外へ出されることなく、何日も閉じこめられたままにされた。ある移送のグループは、半分の人しか生き残ることができず、しかもみなひどい凍傷にかかっていた。残りの半数は他の人の間で立ったまま凍りついており、生存者が立ち去った後、床に倒されたという。

事態はもうこれ以上悪くなりようがないと思っていたが、それは単にユダヤ人側の見方にすぎず、ドイツ軍は違ったふうに考えていた。段階を経て徐々に圧力が加えられ、一九四〇年の一月と二月には、新手の抑圧的な制令が発表された。最初の布告は、ユダヤ人は二年間の労働に従事すべく強制収容所に行かなくてはならないというもので、ここでは、ユダヤ人が「アーリア人種の健全なる組織の寄生者」たることを矯正するために、いわば「適正なる社会教育」がほどこされることになった。かくて、十二歳から六十歳までの男性と十四歳から四十二歳までの女性がその適応範囲となる。

二つ目の布告には、ユダヤ人の名前の登録とユダヤ人を連行する方法が並べ立てられていた。ドイツ軍は作業の煩わしさを避けるために、共同体レヴェルでの行政を行なうという名目で、ユダヤ人評議会に仕事を手渡すことになる。我々は、自分の手で破滅を準備し、いうなれば合法的に統制された自殺へと自らを追い込むべく、自分自身の死刑執行を手伝う羽目になったわけである。移送は春に開始されることになっていた。

評議会は知識階級の多くの人たちをこのような目に遭わせないように決議した。一人あたり千ズヴォティを要求して、登録されそうな人の身代わりとなる労働者階級の人にそれを贈ろうというもの。無論、哀れな身代わりの人たちの手に全てのお金が渡ったわけではない。評議会の役人たちも生きていかねばならなかった。実際、彼らはウォツカを片手にこれっぽっちの気兼ねもなく上手に渡り歩いていたのである。

ところが、春になっても、移送団は出発しなかった。今一度、ドイツ軍の布告をまともに受けとらなくともよいのかもしれないという雰囲気が広まった。実際、数ヵ月間にわたり、ドイツ軍とユダヤ人の緊張関係が緩み、両者の関心が前線のほうの出来事にますます寄せられるようになると、そのことがいっそう本当のことらしく思えてきたのである。

ようやく春をむかえた。今や、しかるべき準備をして冬を越した連合軍が、フランス、ベルギー、オランダからいっせいにドイツを攻め、ジークフリート線を破り、ザール、バヴァリア、北ドイツ地方を奪還し、ベルリンを占領して、遅くともこの夏にはワルシャワを解放するはずだった。だから、ワルシャワ市は幸せな興奮状態になっていたのである。いつ攻撃が始まるのか。人々はパーティでも待つかのような気分で待っていた。その間、ドイツ軍はデンマークに侵入したが、我々の仲間で、地方政治通の意見では、そのようなことは何の意味もないという。たかだか敵の軍勢はそこで寸断されるにすぎない、と。

五月十日、とうとう攻撃が始まったが、それは期待に反してドイツ軍の攻撃だった。オランダとベルギーが陥落。ドイツ軍はフランスへと進軍した。元気をなくしてしまわないためには、理性がますます必要となる。一九一四年の事態がそのままのかたちで繰り返された。あろうことか、フランス側ではまだ同じ人間が指揮をとっていたのだ。ペタンとかウェイギャンとか、フォック学校の優等生たちである。彼らは、以前にもそうしたように、ドイツ軍から自分たちの身を護るところで信用されたわけだ。

ようやく、五月二十日になって、昼食後、同僚の一人であるヴァイオリニストが私に会いにやってきた。しばらく弾いていないベートーヴェンのソナタを思い出すために、一緒に弾こうということになっていた。それができれば楽しいことに違いない。数人の友人たちをもてなそうと待ちかまえていた母が、コーヒーを振る舞った。素晴らしく天気の良い、光り輝く日のことである。我々はコーヒーを飲み、母が焼いたケーキを食べ、楽しい気分に浸っていた。

我々はみな、ドイツ軍がパリのすぐ近くまで達しているのを知っていたが、誰も大した関心を払っていなかった。何と言ってもマルヌ川があるではないか、そこで全てのものが立ち往生させられる、あの昔からある自然の防御線が……という気持ちが暗黙のうちに支配していた。この状況はまさに、ショパンのロ短調スケルツォの後半部において、終結のフェルマータに向かうのに似ている。つまり、かの音楽が、八分音符の激しい動きをもつ急速なテンポで高まっていき、嵐のように荒れ狂った後に締めくくる和音に至るように、ドイツ軍は激しく進撃してきたときと同じ勢いで退却して国境に戻り、あげく戦争は終結し、連合軍の勝利に終わる。そのように思われたのだ。

コーヒーの後で演奏を始めることになった。ピアノの前に座ると、喜びを分かちあえる感性豊かな聴き手たちがピアノの周りを取り囲んだ。右手にはヴァイオリニストが立ち、左手には譜めくりのためにレギーナの友人の魅力的な娘が座る。この時、私はまさに歓喜の頂点にあった。電話をかけに近くの商店まで出掛けたハリーナが帰るのを待って演奏を始めようとしていた。

彼女は新聞を手に戻ってきた。号外だ。その第一面には、これ以上大きくはならないでかでかとした文字で、二つの言葉が印刷されていた。

「パリ、陥落す！」

私は鍵盤の上に顔を伏せ、戦争が起こって初めて涙にかきくれた。

勝利に酔ってしばらく息を潜めていたドイツ軍は、またぞろ我々のことを考え始めた。西部戦線で戦っている間、ユダヤ人のことを完全に忘れていたわけではなかったのだ。略奪行為はもちろん、強制疎開、強制労働のためのドイツへの移送は日常茶飯のことだったので、すでにドイツ人のすることには慣れっこになっていたが、今や、もっと悪いことが起こりそうに思われた。

ベウゼックとフルビエショウの労働収容所への最初の移送が九月に始まった。「適切なる社会教育」とやらを受けさせられるユダヤ人たちは、そこで腰まで水に浸かって何日間も立ち続け、改造された排水装置に身を横たえることを余儀なくされた。食事は、一日に百グラムのパンと一皿の薄いスープが与えられるだけ。当初計画された二年間にわたるものではなく、たった三ヵ月の〝勤め〟ではあったが、人々を肉体的に消耗させ、多くの人を結核にかからせるには充分な長さだった。

ワルシャワに残された人たちは、市周辺の労働を義務づけられることになった。すなわち、誰もが一ヵ月間に六日間の肉体労働にかりだされるというわけだ。私はこの仕事を回避しようと精一杯のことをした。指のことを心配したのである。筋肉が弛緩したり、関節の炎症を起こしたり、あるいはひどい打撲を受けかねない。そうなったら、ピアニストとしてのキャリアはおしまいだ。ところがヘンリクの物事の見方は違っていた。彼の考えでは、知的生産に関わる者は自己の能力を適切に評価するためにも、肉体労働をしなければならないという。ヘンリクは自分の仕事の割り当てをこなしたが、勉強の妨げになったことはいうまでもない。

まもなく、はるかに大きな二つの出来事が人々の心を動かすことになる。そのひとつは、ドイツ空軍が英国に攻撃を開始したこと。もうひとつは、いくつかの通りの入口に〝この街路、チフス汚染につき、避けるべし〟といった掲示が出され、通行人に告知したこと。この表示は後に、ユダヤ人のゲットーの境界を形づくることになる。

少し後になって、ワルシャワ新聞〔ドイツ人によってポーランド語で発行されている〕だけが、この件について正式のコメントを出した。ユダヤ人たちは社会的な寄生者であるばかりか、汚染を広めている、というのだ。また、その記事によれば、ユダヤ人はゲットーに閉じ込められるに至っていないとある。もっとも、ゲットーという言葉は使ってはいないけれども。さらに、ドイツ人というのはきわめて教養があり寛大な人種なので、ユダヤ人のような寄生者であっても、ヨーロッパの新秩序にふさわしくない中世の遺物のようなゲットーに閉じ込めるにはとうてい忍びないことである、と記されていた。

その代わりに、ユダヤ人が自由を謳歌し、その特有の習慣や文化を営んでいける独立した、しかもユダヤ人だけが暮らす地区を市の一角に作るべきだというわけだ。純然たる衛生上の理由から、この地域を壁で囲って、チフスや他のユダヤ人の病気が市の別の場所に広がらないようにしなければならない。この人道主義を掲げる通告には、ゲットーのきわめて正確な境界を示す小さな地図もついていた。

我が家のある通りはすでにゲットー地域に含まれていたので、他に住居を探す必要がないと自ら慰めることもできたが、ゲットーの外側に住むユダヤ人たちは不運な状況に置かれることになる。十月の最終週までに、途方もない権利金を支払って額を寄せ合う新たな屋根を見つけなければならなくなる。ゲットーの銀座通りにあたるシエンナ街に格好の部屋を見つけるか、その近くの地域に移るか、いずれにせよ、そのようにできたのは最も幸運な者たちだけだった。その他の人々は、昔からユダヤ人プロレタリアートたちの住み家であったゲンシア、スモーサ、ザメンホフ通りにある、あの悪名高い地域の穴蔵へ行くように追い込まれた。

十一月十五日、ゲットーの門が閉じられる。その夕方、私はジェラズナ通りからそう遠くないシエンナ通りのはずれで仕事をしていた。霧雨が降っていたが、その時節にしては異常な暖かさだった。暗い道は白い腕章をつけた人影でごったがえしていた。みな興奮していて、籠の中に入れられたばかりの動物のように、行ったり来たり、走り回ったりしていた。女たちは泣き叫び、子供たちは、湿って汚くなった夜具の山に乗り、恐怖のあまり泣きわめいていた。彼らは、移住命令の土壇場になって強制的にゲットーに連れてこられた家族で、風を防ぐものを得る望みさえなかった。五十万人の人間が、市内の、すでに過密になった十万人分の余地しかない地域に、身を置く場所を探さねばならない。

暗い通りを見下ろすと、新しい木製の格子の門、あのゲットーの入口を照らす照明灯が見えた。その向こう側では、自由な人たちが住んでいる。誰も閉じこめられず、充分な空間を持って、この同じワルシャワに。しかし、ユダヤ人はこの門を通ることはできない……。そう考えをめぐらしていたとき、誰かが私の腕を取った。父の友人の音楽家で、父同様、愉快で人なつっこい好人物である。

「さあて、これからどうなるのかねえ」――彼は苛立った笑い声をたてながら、雨に濡れた群衆や家々の汚れた壁、そしてずっと向こうに見えるゲットーの壁や門などをひとつずつ指差して尋ねた。

「どう？　ですって」私は言った。

「奴らは、我々を消し去りたいのでしょうよ」

しかし、老紳士はこの言葉に同意しなかった。あるいはしたくなかったのだろう。彼はもう一度、いささか不自然な笑顔をつくり、私の肩を叩きながら声をあげた。

「よう、心配するなって！」そして、私のコートのボタンをつかみ、赤い頬をした顔を近づけて言った。

「奴らはすぐに我々を解放するさ。我々に必要なのは、アメリカ人に知らせることだけだ」

心からの言葉なのか、あるいはそのようなふりをしてなのかはわからなかったが、とにかく確信を込めた口調になっていた。

6　フウォドナ通りのダンス

今日は、もっと恐ろしい想い出、一九四〇年十一月から一九四二年七月にかけてのワルシャワ・ゲットーの体験を振り返ろう。これらの体験はほとんど二年間も続いたというのに、たった一日の出来事のような単一のイメージの中で一緒くたになってしまっている。それらを順序立てて考えようと一生懸命やってはみるのだが、ふだん日記をつけるときのように、年代順に整理して、より細かい部分に分けることはできそうもない。

当然ながら、すでに歴史上よく知られていること、また人が理解しやすい類の事柄は、その時期にも起こったし、その前後にも起こっていたというわけである。ドイツ人たちは、ヨーロッパ中でやっていたように、人間狩りをし、人を労働馬として使うゲームを続けていた。おそらく唯一の違いは、一九四二年の春、ワルシャワ・ゲットーでの人間狩りが突然中断したことである。

数ヵ月の間、ユダヤ人の犠牲者は他の目的に供されることになる。他のゲームでも同じことだが、大がかりな見せ物としての狩りがますます成功し、その後に失望を引き起こさないためには、禁猟の季節が必要である。フランス人、ベルギー人、ノルウェー人、ギリシャ人たちも略奪の目に遭ったように、我々ユダヤ人も強奪された。ヨーロッパの人たちと違うところは、より組織的、かつ厳然と、しかも公的に略奪が行なわれたことだった。このやり方に関与しないドイツ人はゲットーに近づかなかったし、盗みをする利権もなかった。ドイツ警察は、ある法令によって盗みの権限を与えられたが、それはドイツ連邦政府が発布した窃盗に関する法律の趣旨に則したものであり、当地の陸軍総督からの指示でもあった。

一九四一年、ドイツ軍はロシアに侵攻した。ゲットー内で、この新たな攻撃の行く末をたどろうと、我々は息をひそめて見守った。最初のうちこそ、我々はドイツ軍は結局敗退すると誤って信じこんでいたが、今やヒトラーがロシアに進軍するに及んで、我々はどうしようもない敗北を感じ、人類と我々の運命に対する疑念をますます募らせた。かくて再び、違反したら死刑に処するという取り決めの下に、ユダヤ人所有の毛皮コートをすべからく差し出すよう命令されたときには、ドイツの勝利が銀狐やビーバーの毛皮に依存するようでは、彼らの戦争は首尾よくいくはずがないと思いたくもなっていた。

ゲットーはじわじわと取り囲まれていた。街路ごとに、ドイツ軍はその区域を縮小していたのである。その戦略は、征服したヨーロッパ諸国の国境を移動しては次から次へと略奪するというやり方と酷似していた。あたかもワルシャワ・ゲットーがフランスにひけをとらないくらい重要だといわんばかりの熱の入れよう。また、ズウォータ通りやジェルナ通りを締め出すことは、フランスからアルザス地方やロレーヌ地方を分離して、ドイツの〝生存空間〟の拡張をはかる動きと同じくらい重大だった。

しかしながら、これら外面的な出来事は、ゲットー内で刻一刻を過ごす我々の胸中にいつもあった重大な事柄に較べれば、全く重要ではなかった。我々は閉じこめられたのだ。

明らかに投獄というかたち、例えば独房に監禁されたのだったら、心理的にはもっと楽だったろうと思う。そういった歴然とした投獄は、現実との関わりを明瞭に、疑う余地なくはっきりさせるものである。実際、その場に置かれた境遇というものは誰しも見誤ることはない。独房はそれ自体ひとつの世界であり、一人の囚人を入れているだけであって、自由という遠くの世界とは決してつながらない。かりに時間があって、そうする気持ちとがあれば、独房に置かれた場合のことは夢想できる。けれども、そんなことを考えもしないなら、独房などという世界がいつも存在しているわけではないのだ。したがって、すでに失ってしまった自由な生活を想起させるものが人々を苦しめることになる。

ゲットーの現実は、見かけが自由なだけ、よけい始末が悪かった。通りを歩いていて、いつでも正常そのものの街の中にいるという幻想に浸ることができる。我々をユダヤ人だとする腕章も、みんながつけていたから平気で、煩わしくもない。しばらくゲットーで暮らすと、すっかりこれに慣れてしまっていることに気づいた。あまりに慣れっこになっていたので、アーリア人の友人たちの夢を見たとき、彼らも腕章をつけていて、白い織物の帯はネクタイか何かのように、人間の着衣の一部として不可欠なものに思えたものである。

しかしながら、ゲットーの通りは、いずれの街路にしても先に行くと、どこもかしこも壁で終わっていた。しばしば外出し、手当たりしだいに歩き回ってまっすぐに進むと、行く手がはばまれる。思いがけなくもゲットーの壁のひとつにぶつかる。これ以上進みたくとも、壁が私を止める。そこには、論理的な理由など存在しない。それから突然、壁の反対側の道路こそ、私の好きなところ、世界中で一番大切な場所のように思えた。まさしくこの瞬間に何を投げ出しても知るべきことが行なわれているであろう場所。けれども、無謀なことだった。私は引き返し、打ち沈んだ。このようなことを何日も何日も続け、いつも同じ絶望感が残るだけだった。

実際、ゲットーの中といえども、レストランにもカフェにも行けた。友達に会ったり、どこか他の場所でレストランとかカフェとかと同じような楽しい雰囲気に浸ることを邪魔立てするようなものは何もない。けれども、必ずや友人の一人が次のようなことをうっかり口にしてしまう場合があるものだ——今度の晴れた日曜日にどこか、そう、オトヴォツクあたりにハイキングにでも行くのはとても素敵なことだろう、と。いつでも盛り上がった会話の中で、そう約束される。

要するに、彼はこう言いたいのだ。夏がやって来て、天候もよく、暖かいひとときが続いているというのに、こうしたささやかな計画を実行するのを止められるものなど何もない。たとえ、その時その場でそうしたい気分になったとしても。今、ここでコーヒーとケーキの代金を払って、通りに飛び出し、陽気で愉快な仲間と一緒に駅まで歩き、切符を買い、そして郊外列車に乗りさえすればよい。……こうして完璧な幻想を創りあげるあらゆる条件が整ったところで、あの〝壁〟という〝境界〟にぶち当たるのだ。

考えてみると、およそ二年間にわたってゲットーで過ごした時期は、ほんの短かい間に起こった子供の頃の体験を思い起こさせる。

私は盲腸を取り除くことになっていた。手術は通常の手順通り行なわれることになっていて、何の心配もなかった。一週間で済むはずで、医師から日取りが決められ、病室の予約もできていた。で、待っている間の子供を慰めるために、親は手術の前の週を楽しいことで満たそうと大いに手間をかけることになる。毎日、アイスクリームを食べに外出し、その後で映画とか劇場へ行った。本やオモチャなど、子供が喜ぶいろいろなものが惜しみなく与えられた。幸せをこれ以上申し分のないものとするために。

けれども、映画館でも、劇場の中でも、あるいはアイスクリームを食べながらでも、はたまたものすごく夢中になって遊びに興じている真っ最中でも、自分のお腹の窪みに生じるたった一瞬のうずきのために、えもいわれぬ恐怖から逃れられないでいたのである。手術の日がついにやってきたとき、いったい何が起こるのだろうかという、無意識だが絶え間ない恐怖が襲った。……そういう一週間を過ごしたことを今でも覚えている。

ほとんど二年間というもの、ゲットーにいた人たちもこれと同じような本能的な恐怖を抱いていたのではないだろうか。その後に続く時期に較べたら比較的平穏な歳月ではあったが、我々の暮らしは、果てしない悪夢の世界へと移行しつつあった。そこにいる人たちはみな、いつかは、もっと恐ろしいことが起こりそうだと全身で感じていたのである。どんな危険に晒されるのか、それはどこからやってくるのか、まだ定かではなかったけれども。

私は毎朝、朝食後すぐに出掛けることにしていた。いわば毎日の儀式なのであるが、ミワ通り沿いに長い散歩をして、我々の住居の管理人イェフーダ・ジュスキンドの家族が住む、暗くて人目に付かない穴蔵へ行くことにしていた。家を離れるというごく普通の行動でも、ゲットーという事情があって、とりわけ路上狩りの間には、ある種、儀式の性格を帯びていたわけである。それはともかく、こういうときには誰しも、まずは隣人を訪ね、彼らの苦労の種や悩みに耳を傾けるにちがいない。そうすれば、今日この街で何が起こっているかがわかる。どこで手入れが行なわれているか、どこが封鎖されたか、フウォドナ通りは見張られているか、などなど。そうした情報を得たうえで建物を出ることになる。しかし、通りに出たとしても、向こうからやってくる通行人をつかまえて同じような質問をしなければならない。そのつど、街路の角でこれを繰り返すのだ。用心するにこしたことはない。比較的確実な方法で捕まらないようにするには、そんな予防策しかなかったのである。

ところでゲットー内は、大ゲットーと小ゲットーに分かれている。ヴィエルカ、シエンナ、ジェラズナ、フウォドナなどの通りからなる小ゲットーは、縮小につぐ縮小で、大ゲットーとつながるのは、たった一ヵ所のみとなった。ジェラズナ通りとフウォドナ通りが接する交差点である。大ゲットーはワルシャワの北部全体を含み、おびただしい数の狭くて悪臭のする通りとそこから入る小道があり、そこに狭苦しく汚い環境で暮らす極貧のユダヤ人たちが詰め込まれていた。

小ゲットーにしても混雑してはいたが、それほどひどくはない。三人ないし四人が一つの部屋に住み、通りを歩いていても、うまく間をおいてかわせば、向こうからやって来る人とぶつかるようなことはない。たとえ、身体が接触しても、およそ危険な目に遭うことはまずない。小ゲットーに住む人たちは、主としてインテリ層と富裕な中間層から成っていたからである。彼らはさほど寄生虫に取りつかれてはいなかったし、誰かが大ゲットーから寄生虫を拾ってきても、それを駆除するために最善を尽くしたものだ。悪夢が始まるのはフウォドナ通りを離れるその時だけだ。それには幸運と、まず第一に向こうの目的の地点に達するうまいタイミングを捉える感覚が必要になる。

フウォドナ通りは市の〝アーリア人〟街に属していて、路面電車や車、それに人々の往来がひんぱんなところである。ユダヤ人たちがジェラズナ通り沿いに、小ゲットーと大ゲットーを行き来することを認可することは、人々がフウォドナ通りを横切るとき、交通をストップさせなければならないことを意味した。こうなると、ドイツ人たちにとって不都合なことになるので、ユダヤ人たちはめったなことではそこを通りぬけることは許されていなかった。

ジェラズナ通りを歩いていくと、かなり遠くからでも、フウォドナ通りの角にたくさんの人だまりができているのが見える。彼らは緊急の仕事を抱えた人たちで、警官が交通整理で車を止めてくれるのを待ちながら、いらいらして足を踏み替えていた。フウォドナ通りをがらがらにし、ジェラズナ通りをユダヤ人であふれかえらせるかどうかは、警官の責任となる。その時が来ると、今度は護衛兵が別個に動きだす。すると、ぎゅうぎゅうに詰め込まれた気短かな群衆が通りの両側からいっきに殺到してきて、ぶつかり合い、地面に押し倒し合い、他人を足で踏みつけながら、ドイツ人に近寄る危険からできるだけ早く遠ざかろうと、二つのゲットーの入口へと急ぐ。警備用のチェーンが元のように閉まると、再び待つことが始まるという具合。

群衆が増え、彼らの動揺、苛立ち、不安が大きくなると、ドイツ人護衛兵たちもここでの仕事にうんざりするようになって、自分たちもできるだけ楽しもうとする。彼らが好んだ楽しみのひとつがダンスだった。近くの横町から楽士を連れてくるのだが、こうしたストリート・バンドの数は周囲が悲惨になるとともに増加した。

兵隊たちは、交差点で待っている群衆の中から外見の面白そうな人間を選び出し、ワルツを踊るように命令した。音楽家たちは建物の壁際に陣取り、道路に一定のスペースが空けられた。演奏がゆっくりになろうものなら、警官の一人が音楽家たちを殴りつけ、指揮者として振る舞った。他の警官は、ダンスがきちんと行なわれているかどうかを監督していた。怖そうに眺めている群衆の目の前で、身体障害者の夫婦、老人、そして、とても太った人か極端に痩せた人たちが輪になって踊りまわることを余儀なくされた。背の低い人々や子供たちが、目立って背の高い人のパートナーをつとめる。ドイツ人たちは、この〝ダンスフロア〟の周りに立って、笑いながら大声で命令を下す――「もっと速く！」「続けろ、もっと速く！」「みんな踊れ！」

組み合わせが特にうまくいって面白くなると、ダンスは長く続いた。交差点が開き、閉まり、また開く。しかし、不運な踊り手たちは、ワルツのテンポでスキップを続けなければならない。息切れしたり、へとへとになって泣いたり、あるいは何とかして続けようともがいたりしたが、慈悲を期待しても無駄だった。

フウォドナ通りを無事に横切ることができた機会に、かつて一度だけ私はゲットーの現実の姿を知ることになった。とにかく、ゲットーにいる人々には、商売の元手もなければ、内密にしている貴重品もない。彼らは取引でパンを得る。狭い通路の奥へ行けば行くほど、取引はより活気づき、ますます切迫したものになっていた。スカートにピッタリくっついた子供を連れて女たちが、ボール紙にのせた売り物のケーキを差し出しながら、通行人に話しかける。ケーキは彼女たちの全財産だ。だから、子供たちが今晩一切れの小さな黒パンにありつけるかどうかは、この商売にかかっていた。

見る影もなく痩せ衰えた年老いたユダヤ人たちは、何着かのボロ服をお金に換えようとして、しきりに人々の注意を惹こうとしていた。若い男たちといえば、時計ケースや鎖の端切れ、あるいはすりきれた汚いドル札を巡る、冷酷で恨みを伴う闘いをくりひろげていた。彼らはこれらの汚いドル札を光にかざし、売り手は「ほとんど新品」だと熱心に主張するのだが、札の傷みはひどく、ほとんど価値がないことをさらけだしていた。

〝コンヘレルキ〟という馬に曳かれた路面電車が鈴を鳴らしながら混雑した通りをカタコトと進んでいた。馬とかじ棒は、ボートのオールで水をかくように人混みの中に分け入る。このニックネームは車の所有者である二人の有力者、コンとヘラーからとられている。彼らはゲシュタポに雇われていて、日頃から派手な取引をしていた。とにかくこの電車、運賃が極めて高い。したがって、ごく裕福な者だけが仕事でゲットーの中心街に行くのに利用するくらいのものである。彼らは停留所で電車を降りると、できるだけ急いで約束してある商店や事務所へ向かう。そして、この恐ろしい一角を猛スピードで後にしようと、帰りは直ちに次の電車に乗るのだった。

わずかに停留所から最寄りの店に行くだけにしても容易なことではない。何人もの乞食が金持ちと出会う数少ないチャンスを狙って待っているのである。服を引っ張っては襲い、道にはだかり、乞い、泣き、叫び、脅す。だが、同情して乞食に何かを与えるのは馬鹿げていた。というのも、物乞いの泣きわめきは突如、叫び声になるからだ。それが合図となるのか、あらゆる方向から見すぼらしい姿がますます湧き出てきて、善良なるサマリア人は、ぼろをまとった幽霊のような者たちに押し寄られ、取り囲まれ、結核菌で一杯の唾を浴びせかけられ、じくじくした腫瘍で覆われた子供たちに通路を阻まれる。千切れた両腕の身振り、潰れた目、抜け落ちた歯、悪臭を放つ開いた口、あれやこれやの姿が、それによってあたかも自分たちの最期を少しでも先送りにすることができるかのように、生活のまさに土壇場で慈悲を乞うているのだった。

ゲットーの中心街に行くには、そこへの唯一の道であるカルメリツカ通りを通らねばならない。この通りで、人に触れないようにするのはまず不可能だった。ごった返しの群衆は歩いているというより、前へ進もうと押し合いへし合いする有様。屋台が密集するこの通りの玄関口付近では渦を巻いているかのようだった。何とも耐えがたい腐敗臭が、乾いていない夜具、古い油脂、街路のがらくたなどから立ち昇っていた。ほんのちょっとでも人を怒らせるようなことがあれば、群衆はパニックに陥った。道の片側から反対側へ殺到して、ひしめき合い、息も絶えだえ、阿鼻叫喚の地獄と化した。

カルメリツカ通りはとりわけ危険な場所だ。刑務所の車が日に何回も往き来するからである。車は灰色の鉄製の側板と小さな不透明ガラスで見えないようにして、パヴィアク拘置所からスウク街のゲシュタポ（秘密警察）センターまで囚人を運んだ。帰りの車では、尋問後に彼らが残したものが運ばれた。すなわち、砕かれた骨、踏んづけられた腎臓、引き裂かれた指の爪などがついた血だらけの人間スクラップ。これらの車は装甲しているにもかかわらず、護衛兵たちは誰も車に近づけさせなかった。いくらその気になっても屋内に逃げ込めないほど混み合うカルメリツカ通りを車が曲がる際、ゲシュタポの男たちは上体を屈め、群衆を棍棒で無差別に打ち据えた。通常のゴムの棍棒を持っている場合には特に危険はないが、ゲシュタポたちが使うものには釘や剃刀の刃が埋め込まれていたのである。

イェフーダ・ジュスキンドはカルメリタ通りからさほど遠くないミワ通りに住んでいた。彼は自分の建物を管理し、必要に応じて運び屋、運転手、ブローカー、ゲットーの壁越しに物資を扱う闇商人など、多彩な役割を一人で演じていた。抜け目のない性分で、大柄の骨格と屈強な肉体にめぐまれた彼は、家族を養うために至る所で金儲けをしていた。とにかく彼のところは、大家族らしいのだが、それがどれくらいのものであったかはわからない。とはいえ、これらの毎日の仕事を持ちながら、ジュスキンドは理想的な社会主義を志向していた。彼は社会主義者の組織と接触を続け、極秘の印刷物をゲットー内に持ち込み、困難とは知りつつも、ここで組織の細胞をつくろうと試みていたのである。

彼が私に対してとる態度は、いうなれば優しい侮蔑という類の関わり方であって、こうした対応こそ芸術家にふさわしい、すなわち共謀者としては役に立たない人々と適切に付き合うやり方だ、と彼は考えていた。いずれにしろ、ジュスキンドは私を好いてくれ、毎朝彼の家に立ち寄らせてもらい、そこで、無線で送られてくる機密の情報を、新聞とは別に読ませてくれた。今日、彼のことを考えると、彼が活動していた時期から、その後に続く恐怖の年月を経てもなお、あの不屈な意志とヴァイタリティには心から敬服する思いである。

イェフーダは断固とした楽観論者だった。ラジオのニュースがどんなに悪かろうと、彼はそれをいつもよいほうに解釈することができた。ある日のこと、私は最新のニュースを読んでやけっぱちになり、その新聞を両手でめちゃくちゃにしたあげく、「さあ、これで全ておしまい。そう認めるでしょ?」と嘆いた。イェフーダは微笑んで煙草に手を伸ばし、椅子にくつろいで答えた。

「ああ、君は何もわかっちゃいないんだよ、シュピルマン君！」

そこで、イェフーダは政治的な講釈を始める。その主張はほとんど理解できるものではないのだが、なにせ彼は話す術を心得ていたし、おまけに次のような染まりやすい信念の持ち主だった。あらゆることがどうにでもなる世の中では、何ごとも実際には最善になるのだということ――これは、そうした彼流の考え方をよく吟味しなければわからないものなのだけれども。そして、いつ、どのようにしてそうなるのか、私には見当もつかない事柄でもあった。そんなこんなで、私は精神的に強くなったような気にさせられ、また慰められたようにも感じながら帰途につくのが常だった。ところが、家に帰ってベッドに入り、政治ニュースをもう一度検討する段になって、彼の議論が馬鹿げていると思い至るのである。とはいうものの、翌朝、また彼を訪ね、彼は私が間違っていると説得に努め、私は夕方まで延々と楽観主義を吹き込まれるという具合だった。

イェフーダは一九四二年の冬まで生きながらえた。この年、彼は妻と子供たちと一緒に、テーブルの上で大量の秘密文書を仕分けしている最中に、〝現行犯〟のかどで捕らえられた。その場で全員射殺されたが、三歳の幼いシムケも一緒だった。ジュスキンドが殺されて、どのようなことでもきちんと説明してくれる人がいなくなってしまったからには、もはやどこに希望があるというのか。

今となっては、私が間違っていたことを思い知るのみである。当時のニュース報道の類にしてもそうだ。ジュスキンドは正しかった。しかし、あのとき、そうは思えなかったのに、あらゆることが彼の予言したとおりに変わったのだ。

私はいつも同じ道を辿って家に帰った。カルメリツカ通り、レスノ通り、ジェラズナ通りである。途中で、友達のところにつかのま立ち寄り、ジュスキンドから仕入れたニュースを口伝えに知らせた。それから、ノヴォリプキ通りを行って、ヘンリクが本の入った箱を家に持って帰るのを手伝った。

ヘンリクの暮らしぶりはかなりハードなものだった。自分自身でそういう生き方を選んだこともあって、いっこうに変える様子はなく、別の生き方をするのは情けないと信じていた。そうした彼の優れた資質と教養をもちあげる友人たちが、インテリ出身の若者の多くがしているように、ユダヤ人の警察に加わるように忠告した。そこは安全だし、機転をきかせるなら、稼ぎもよくなるはずだった。ヘンリクはそれには全くとりあわなかった。そんなことは侮辱だと、怒りをあらわにした。そして彼は、いつもの真っ直ぐな態度で、悪党どもと一緒に働く気はないと言い放ったものである。

友人たちは気を悪くしたが、ヘンリクは毎朝、籠に本を詰めるだけ詰めて、ノヴォリプキ通りに通い始めた。夏には汗をしたたらせながら、冬には厳しい寒さに震えながら、頑固なまでに自分の考えを墨守し続けた。たとえ知識人として彼が本とこのような関わりしか持てなかったとしても、少なくともそのようにしていたわけで、これ以下に落ちぶれることはなかった。

ヘンリクと私がその籠を持って家に帰ると、いつも家族が我々を待っていて昼食をとるのが常だった。母はことさらに家族みんなが一緒に食事をすることにこだわった。これは彼女のいわば〝勢力範囲〟で、母なりのやり方で我々のよりどころとなるものを示そうとしていた。彼女は、テーブルがきちんと整えられているか、テーブル・クロスやナプキンが清潔になっているか、念入りに確かめたものだ。母はまた、みんなが食卓につく前に軽く化粧をし、髪の手入れをしてから、綺麗になったかどうか鏡を見る。神経質な動作で服を撫でつけて皺をなくすのだが、眼の周りの小さな皺まではとれなかった。むしろ皺は月日がたつにつれ、ますます目立つようになる。グレーがかった髪もまた、白くなり始めるのを防ぐことはできなかった。

我々がテーブルにつくと、母は台所からスープを持ってきて、それをすくいながら会話を続ける。誰も不快な話題を口にしないこと、そう彼女は念を押していた。誰かが楽しいひとときのマナーに〝反則〟を犯そうものなら、優しくさえぎるのだった。

「全て過ぎてしまうことよ。待ってみましょうよ！」こう言って、すぐに話題を変えた。

父はといえば、くよくよ考え込むタイプではない。それどころか、〝よいニュース〟とやらで我々を圧倒しようとする性癖がある。

人種狩りがあって、十二人ほどの人が賄賂と引き替えに解放されたときのこと。父は目を輝かせて、四十歳以上とか以下とか、教育を受けているとかいないとか、そういうこととは無関係に、何かしらの理由で全ての人が解放されるのは当局の英断であって、こういうことはいつも大いに励みになるはずだと主張するのだった。街からのニュースが芳しくないことを否定できないとなると、彼はテーブルにふさぎ込むように座っていた。けれども、スープを口にしはじめると、彼の機嫌はじきに元に戻る。たいてい次にテーブルにのる野菜料理を食べる頃にはすっかり元気が出て、のんびりした会話へと入っていくのだった。

ヘンリクとレギーナは、二人ともいつも深く考え込むほうだった。レギーナは午後に弁護士の事務所でする仕事の準備をいつでもきめこまかくしていたものである。彼女にはわずかな稼ぎしかなかったけれども、その千倍も貰っているかのような誠実さで働いた。

ヘンリクのほうは、もし彼が陰鬱な考えを振り払うことがあるとしたら、それは私と議論を始めるときだけだ。彼はよく驚いてはしばし私を見つめ、やにわに肩をすくめて怒鳴り散らした。要するに、私を感情のはけ口にするのである。

「まったく、ウワディックったら、ネクタイを締めた生まれつきの阿呆でしかないよ！」

「お前こそ阿呆だろ！　馬鹿なのは同じさ！」

私は答え、喧嘩は最高潮に達する。ヘンリクは、私が聴衆の前でピアノを弾くとき、なぜきちんとした服装をしなければならないのか、その真価を認めようとしない。実際のところ、彼は私自身のことや私の仕事を理解したくないのだ。

彼が死んでから時間が経った今、いつも相手の神経に障るようなことばかりであったが、我々の間にいろんなことがあったにもかかわらず、互いに自分流のやり方で愛し合っていたことを痛感する。おそらくは二人とも、根はとても似通った性格だったのだろう。

私にとっては、ハリーナが一番わからなかった。彼女だけがどこか家族の一員らしく見えない。彼女は控えめで自分の考えや感情を決しておもてに出さなかったし、外出しても何をしてきたか、一切話さなかった。彼女の帰宅はいつも平然、淡々としていた。毎日毎日、彼女は今何が起こっているか、これっぽっちの関心も示さず、ただ食堂のテーブルにつくだけだった。本当のところどんな人だったかわからないし、今となってはハリーナの人柄をこれ以上うんぬんすることはできない。

我々の昼食はとても簡素だった。肉にはめったにありつけない。母はいろいろとやりくりして肉以外の料理をこしらえた。それでも、ゲットー内の大部分の人たちが食器にのせているものに較べたら贅沢なものだった。

雪が足許で解けてぬかるみとなり、身を切るような風が道を吹き抜ける冬の、じめじめした十二月のある日のこと。私はたまたま年老いた〝餓鬼〟が昼食をとるのを目撃した。ゲットーでは、〝餓鬼〟とは貧窮のあまり、生き残るためには盗みをせねばならないくらいに落ちぶれた者へのあだ名である。そのような連中は、包みを抱えた通行人に走り寄り、包みの中に食べ物が入っていることを見越し、それをひったくって走り去るというわけだ。

私が銀行広場を横切ろうとすると、二、三歩先に貧しい女が新聞紙にくるんだ缶を手に歩いていた。私とその女の間に、ぼろをまとった老人がぐずぐずしている。男の肩はだらりと垂れ、ぬかるみを進みながら寒さに震えていた。穴の開いた靴から、紫色になった足がのぞいていた。

突如、この老人は前方に突進して、女の手から缶をもぎ取ろうとした。老人の力が足りなかったのか、女が相当しっかりその缶を握っていたのかはわからない。いずれにしても、缶は男の手には渡らずに舗道の上を転がって、湯気を立てた濃厚なスープが汚い街路へと流れ出てしまった。

三人とも、その場に根が生えたように立っていた。女はこのとんでもない事態に声も出なかった。〝餓鬼〟は缶をじっと見つめ、それから女のほうを見て、すすり泣きのような呻き声をあげた。すると突然、彼はぬかるみの中に身を投げ出して、一滴たりとも逃すまいと両手で囲いながら舗道に流れたスープをそのままぴちゃぴちゃと舐めた。女が喚きながら、男の頭を蹴り、絶望のあまり自分の髪をかきむしっても、男はそんなリアクションなどものともせず、ひたすらスープにへばりついているのだった。

7　K夫人の素敵な振る舞い

一九四二年の早春、以前から組織的に行なわれてきたゲットー内の人間狩りが突然中止になる。これが二年前だったら、自分たちの歓喜の理由がまさしくそのことにあるとして、心から安堵しただろう。誰しもよい方向に向かっているという幻想を持ちたがっていたからである。しかし今や、二年半もドイツ人たちの近くで過ごした後では、もう誰も騙されなくなっていた。よしんば狩りを止めたとしても、それは我々をさらに苦しめる別のもっと巧みな方法を考えついたとしか思えなかった。問題はそこにある。一体どんなやり方なのか？　人々はありとあらゆる空想を働かせたが、気持ちを鎮めるどころか、以前に倍するほどの不安に陥ることになる。

とにかく少なくとも当面の間、我々は安眠できるようになった。そのころヘンリクと私は、ある診療所の手術室を仮の宿としており、一晩中息をひそめ、じっと身を横たえていたのだが、そんな慎重さも必要がなくなる。実際、そこはすこぶる居心地の悪いところだった。ヘンリクが手術台の上で、私は婦人科用の椅子で寝ていた。朝、目を覚ますとまず目に入るのは、頭上に吊されているエックス線写真だ。病んだ心臓、結核に罹った肺、石の詰まった膀胱、折れた骨など。はたして、我々の友人でこの診療所の医者が言ったことは間違っていなかった。どんな凶暴な人間狩りでも、外科の病院を、しかも夜間に捜査するようなことは、いかにゲシュタポでも敬遠するというわけだ。お陰で、ここは安らかに眠れる唯一の場所であった。

全体に広がるこうした静けさは四月の月半ばの金曜日まで続いたが、にわかに恐怖の疾風がゲットーを通り抜ける。とはいえ、実際、その理由がどこにあるのか、見当たらなかった。どうしてそんなに恐れ、困窮したのか。何かが起ころうとしている、しかしその正体は一体何なのか——そう尋ねても、誰も具体的に答えられなかった。それでもなお、その日、正午を過ぎるとすぐ、すべての店は閉まり、人々は家の中に閉じこもった。

私はカフェにいたが、何が起こるかはっきりわからないでいた。いつものように、カフェ・シュトゥカまで行ったが、そこも閉まっていた。帰りしなに、情報通の知人に訊いてみても、何が起こりつつあるかわからないままで、私はことさら神経質になった。誰も知らない。

我々家族は服を着たまま十一時まで起きていたが、外も静まり返っているということもあり、ベッドに横になろうとした。おそらく、今回の恐怖のパニックもきっと根拠のない噂のせいだったのだろうと思いつつ……。

朝、最初に外出したのは父だった。それから数分後、青ざめた顔をして戻ってきた。ドイツ人たちが、夜の間にそこら中の建物に押し入り、九十人ほどを路上に引きずり出し、射殺した。しかも、まだ死体もかたづけられていないという。これはどういうことなのだろうか。あの人たちがいったいドイツ軍に何をしたというのだろう？　我々はゾッとするとともに憤慨の気持ちを抑えることができなかった。

閑散とした街路にポスターが貼られる午後まで、その答えは出なかった。ドイツ軍当局の報じるところによれば、その人たちが〝望ましくない分子〟であり、それゆえ、この街を浄化せざるをえない、とのことだ。さらに、彼らの行為は住民の正常な部分に及ぶものではないから、商店もカフェも直ちに開店し、普通の生活に戻るように、もはや危険な状態ではない、とも。

なるほど、たしかに翌月は平和に過ぎた。五月になり、ゲットーの中にも、あちこちの小さな庭にライラックの花が咲き、アカシアの木の、まだ蕾の花房が日に日に青みを帯びてきた。

花が満開の時期をむかえようとしたまさにその頃、ドイツ軍はまた、我々を思い出したのである。しかし、今度は前と違っていた。我々を処分する計画を絶妙に変更する。あの人間狩りの義務をユダヤ人警察とユダヤ人労務局に負わせたのである。

警察に加わらず、むしろ彼らを悪党呼ばわりしたヘンリクが正しかった。そこに所属した者たちは、およそ裕福な階級から集められており、その中には我々の知人も多くいた。手を握り合い、友情を深め合った人、ついこの間まで立派な人と確信していた人たちが、ここにきて見下げ果てた様に堕するのを目の当たりにし、よけい恐怖にかられたものだ。こうした連中というのはおそらくゲシュタポの精神をもろに受け継いでしまったのかもしれない。現に、ひとたび制服を着、警官帽をかぶり、ゴムの棍棒を持ったとたん、人格まで変わってしまうのだった。こうなれば、いよいよ彼らの究極的な抱負というのが出てくる。ゲシュタポと親密に接すること、ゲシュタポの下士官の役に立つこと、ドイツ人と一緒に通りをパレードすること。さらに、ドイツ語の知識をひけらかすこと、はたまたユダヤ市民を扱う手荒さで雇い主たちと競い合うようなこと。かくなるうえは、警察のジャズバンドを結成することが許されるまでになった（ついでながら、このバンドはなかなか出来の良いものだった）。

五月の人間狩りの期間中、彼らは人種的に純粋なエスエス（ナチス親衛隊）の、その筋のたたきあげ連中と一緒に道路を取り囲んでいた。格好いい服を着て、ドイツ人を真似するかのように大きな粗野な声で叫び、ゴムの棍棒で人々を殴りつけながら大股で歩き回る。

母が〝狩り〟の情報を持って駆け込んできた。ヘンリクが逮捕された。私は母がとりみだす姿をよそに、何としてもヘンリクを連れ戻さなければならないという思いが先に立った。私があてにできるのはピアニストとしての知名度しかない。もちろん、身分証明書などない。とにかく、すぐに動いた。呼び止められたりもしたが、なんとか非常線の中を進み、労働局の建物にたどり着いた。建物の前には、牧羊犬のような警官たちが四方から誰かを護るようにしていた。近くの通りから新たな集団が加わり、群衆はさらに膨れ上がる。苦心の末、ようやく私は労働局の副議長のところまでたどりつき、暗くならないうちにヘンリクが帰宅できるよう掛け合った。

まもなく、ヘンリクは家に帰れるようになったが、驚いたことに、弟は私にくってかかってきた。警官とか労働局職員のようなレヴェルの低い連中に、どうして頭を下げたり懇願するのか、そんな振る舞いなどすべきでないと考えたらしい。

「だったら、君が連れて行かれればよかったというのかい」

「そんなこと、君には関係ない」彼は怒鳴り返した。「容疑をかけられているのは俺なんだ、君じゃない。どうして口出しする！」

私は肩をすくめた。狂人と言い争って何になろう。

その日の夕方、夜間外出禁止令が真夜中まで延長された。〝強制労働〟行きの家族に対し、毛布や下着の替え、旅行中の食糧を準備する時間を与えるためなのだろう。ドイツ軍側からのいわば〝寛大な措置〟はことのほかいじらしく映るもので、ユダヤ人警察は、とにかく我々の信頼を得ようと必死になっており、こうした対応法を最大限に利用したのである。

実はずっと後になるまで知らなかったのだが、この頃ゲットーでかり集められた何千人もの人たちは、ドイツ軍が新しくこしらえたガス室と火葬炉の効果をテストするために、真っ直ぐトレブリンカの強制収容所に送られていたのである。

平穏と静寂の日々を経た六月のある夕方、ゲットーで大虐殺が起こった。我々の家からは離れていたので、いったい何が起こったのか、見当もつかないでいた。

暑い日のこと、夕食後、ダイニング・ルームの窓にかかるブラインドを上げ、涼しい夕方の空気を入れようと窓を目一杯開けていた。やがて、ゲシュタポの車が向かい側の建物の前をかなりのスピードで通り過ぎ、警報がすぐ近くで鳴ったので、我々はテーブルから飛び上がり、窓際に駆け寄った。向かいの建物の玄関はすでに開いており、中でエスエスの連中があたりかまわず怒鳴りちらしているのが聞こえた。部屋の中は暗かったが、窓が開いていたので、大混乱が生じている様子がうかがえた。暗がりから驚いた顔が現われ、すぐまた引っ込んだ。長ブーツを履いたドイツ人たちが隊列を組んで階段をのぼると、そのつど各階のフロアごとに灯がともっていった。

我々の住居とちょうど向かい合わせになる住居には商売人の家族が住んでいて、我々とは前から顔なじみだった。その部屋に明かりがつくと同時に、ヘルメットをかぶったエスエス隊員たちが自動拳銃を構えて押し入るのが見えた。中にいる人たちは、その一瞬前、我々がしていたように、テーブルの周りに座っていた。彼らは恐怖に凍りついた。分遣隊を率いたNCO（下士官）はこの家族の怯える様を自分に対する侮辱ととった。下士官は、憤りのあまり言葉もなく黙ったままテーブルについている人たちをじろじろと見た。業を煮やしたのか、いきなり激しく怒り狂った。「立て！」

住人たちは素早く立ち上がったが、家長の足の悪い老人は立てなかった。下士官は怒りをおさえきれず、テーブルに突進した。手をばーんとテーブルにたたきつけ、その老人を邪険に見据えた。そして、二度目の怒鳴り声をあげた。「立て！」

老人は身体を支えようと椅子の肘掛けを握りながら、必死に立ち上がろうとするのだが、だめだった。何がどうなっているかわからないうちに、ドイツ人たちはこの病人を椅子ごとつかみあげると、バルコニーへ持っていき、いっきに四階から路上へ投げ飛ばした。

それを眺めていた母は悲鳴をあげ、目を閉じた。父はすぐ部屋の中に退いた。ハリーナも慌てて父に続き、レギーナは母の肩に腕を回し、かなり大きな声できっぱりと命令調で言った。

「静かにして！」

ヘンリクと私は窓のところにくぎづけになった。老人が空中で一、二秒間肘掛け椅子にしがみつくと思いきや、落下していくのが見えた。椅子もろとも地面に激突してバラバラになった音と、人体が舗道の石の上に打ちつけられるビシャという音が聞こえた。我々二人は、窓際に黙って立ちすくみ、退くことも目をそらすこともできずにいた。

その間、すでにエスエス隊は建物の中から二十人ほどを道路へ連れ出していた。彼らは車のヘッドライトをつけ、捕まえた人たちをその光の中に立たせた。すぐに、エンジンをかけ、人々をその光が描く白い円錐形の中を前方に走らせた。

アパートの窓からの身もだえするような叫び声。車から発せられるマシンガンの一斉射撃の音。車の前を走る人は一人ずつ倒れ、弾にあたって空中に持ち上がり、宙返りをしたり、弧を描いたりした。その姿は、あたかも生から死への道のりがとてつもなく難しいものであって、複雑な跳躍まで要求されているかのようだった。逮捕されたうちの一人が横に身をかわし、円錐状の光の外へ出た。彼は全力で走り、我々がいる建物の前の通りと交差する街路に達したかに見えた。だが、そのような偶発的なことを予想してか、案の定、車の上部に回転式の投光照明器が据え付けられていた。ライトが照らされ、逃亡者を捜す。そして、再び一斉射撃があった後、今度は彼が空中に舞う番となる。両腕が頭上に伸び、大きく弾みながら後方に反り返り、背中から落ちた。事を終えたエスエス隊員たちはみな車に乗り込み、死体の上を走り去った。ちょうど死体の上を越えるとき、車は浅い穴ぼこを通過するように軽く揺れていた。

この夜、ゲットーで百名ほどの人々が射殺されたが、この軍事行動はなぜか最初の時ほど強い印象を与えなかった。翌日には、何ごともなかったように商店やカフェはふつうに開いていた。

この頃、他にも人々の関心をひく出来事があった。ドイツ人たちは通常の軍務の他に、映画を撮っていたのである。我々としては何故そんなことをするのか、訝った。彼らはレストランに踏み込んで、給仕に最高の料理と飲み物をテーブルに出せと迫る。それから、客たちに、にぎやかに談笑して食べたり飲んだりするよう、注文をつける。まあ、そのようにして、客が食事を楽しんでいる姿がセルロイドフィルムに収められるわけだ。

飲み食いのシーンだけではない。ドイツ人たちはレスノ通りにあるフェミナ映画館で上演されるオペレッタや、週に一度同じ場所で行なわれるマリアン・ノイテイヒ指揮の交響楽演奏会をフィルムに収めた。また、ユダヤ人評議会の議長が豪華なレセプションを催し、ゲットーの著名人たちを招くことになったが、このパーティの模様も撮影された。ある日、いよいよというべきか、彼らは何人かの男女を公衆浴場に集め、素っ裸で混浴するように命じ、この奇妙な光景を詳細に録画することになる。

ずっと後になってわかったことだが、これらのフィルムはドイツ国内と外国にいるドイツ国民のために企画されたものだった。ドイツ軍は、ゲットーを始末する前にこれらのフィルムを撮っていたのだが、要するに、それは彼らがとった行動が外の世界に知られた場合、人をまごつかせるような噂を嘘で塗り固めるためだったのだ。ワルシャワのユダヤ人がどんなに豊かであるかを示したかったのだろう。また、ユダヤ人がいかに不道徳で卑劣であるか、も。ほらほら、見てみよ、ユダヤ人というのは実にはしたなくて、男と女が素っ裸で一緒に入浴しているぞ、それがこの場面だ、とばかりに。

相前後して同じ頃、喫驚すべき噂がこれまでにない速度で広まった。それらはいつものように何ら根拠がなく、誰が言い出したか、あるいは、そんな事実があるとしても、ごくわずかな確証しかないのに噂の種にしたのはいったい誰なのか、全く闇の中だった。

例えば、ある日、人々はウッジのゲットーの恐ろしい状況について語り始める。そこでのユダヤ人たちは、特殊な鉄の通貨の使用を強制されている。それでは何も買えないので、現在何千人もが餓死している、と。ある者はこのニュースを聞いてしっかり心に刻み、ある者は馬耳東風を決め込んだ。しばらくすると、誰もウッジについて語らなくなり、今度はルブリンとタルノウについて話し始めることになる。誰もそんな話を実際には信じようとしなかったけれど、ルブリンやタルノウでは明らかにユダヤ人がガスによって殺されていたらしい。

もっと信じうる噂としては、ポーランド内のユダヤ人ゲットーがワルシャワ、ルブリン、クラクフ、ランドムの四ヵ所に制限されることになるというものだった。その後、いつもとちがって、噂はある種の連想を呼ぶようになる。つまり、ワルシャワ・ゲットーの中の人たちは東方へ移されることになっており、一日に六千人が移送されるという噂が広がり始めた。ある人たちの意見では、この〝行動《アクツィオン》〟はとっくに実行されるはずだったのだが、ゲシュタポをうまく説得したユダヤ評議会の（贈賄によることは間違いない）、あの摩訶不思議な会議で、我々は移されないことに決まったとのことだった。

七月十八日、土曜日、ゴールドフェーダーと私は、レスノ通りのカフェ・ポド・フォンタン（泉）で行なわれた演奏会で弾いた。かつてショパン・コンクールの勝者だった有名なピアニスト、レオン・ボルンスキのための慈善演奏会だった。現在、彼は結核に罹っていて、オトヴォツクのゲットーで窮乏のどん底にあった。カフェの庭はぎっしり満員で、四百人の社会的エリートと自称エリート連中がつめかけていた。このような規模の社交の会がそれ以前にはいつ開かれたか、誰も思い出せないでいた。

それはそうと、聴衆の中に興奮させるものがあるとしたら、それは全く別の理由からだった。富裕階級のご立派な夫人たちと抜け目のない社会的成り上がりたちがしきりと手ぐすねひいて待っていたのは、今日、L夫人がK夫人に話しかけるかどうかだった。両夫人とも、貧しい人たちを助けるために、慈善事業に関わっていた。二人とも街の繁栄に従って増加してきたアパートの中に組織されたハウスコミッティの運営に積極的にのり出していたのである。この慈善事業というのは、自分たちがダンスをして楽しんだり酒宴を開いたりする舞踏会をしばしば催し、その純益金を寄付するものだったから、格別に楽しいわけだ。

二人のわだかまりの原因は、数日前にシュトゥカのカフェで起きた事件にあった。彼女らは双方ともに違った意味でとても綺麗なのだが、お互いに心底嫌い合っており、相手の崇拝者を誘惑することに血道を上げていた。崇拝者の中の最大のターゲットは、鉄道の所有者でゲシュタポの代理人、マウリツィ・コーンという男で、俳優のような魅力的で繊細な顔立ちをしていた。

その夜、両夫人はシュトゥカで楽しんでいた。彼女らはそれぞれバーに座り、自分の崇拝者たちの小さな輪の中にいて、最高級の飲み物を注文したり、ジャズバンドのアコーディオン弾きを呼び、自分のテーブルでヒット曲中のベストナンバーを弾かせ、互いに相手を出し抜こうとしていた。

L夫人がまず店を出た。彼女がバーの中にいる間に、ある飢えた女が通りをよたよたと歩いてきて、ついに倒れ、折しも店のドアの外で死んだ。もちろんL夫人はそのことを知らない。L夫人がバーを出ようとしたとき、カフェからの光に目が眩んで、死んだ女につまずいた。死体を見て、彼女は突然身もだえし、冷静さを失った。この出来事を聞かされたK夫人は違った。彼女もまた、外へ出て死体を見て、恐怖の悲鳴を上げたが、すぐに自分の思いやりの深さが恐怖にうちかったかのように振る舞って、死体を通り過ぎるとハンドバッグから五百ズウォティを取り出し、すぐ後ろからついてきたコーンに手渡した。

「どうか、私のためにして下さらない？」と彼に頼んだ。

「ねえ、きちんとした埋葬をしてあげて！」

そのあとで、K夫人の取り巻きの女性の一人が、みんなに聞こえるくらいの声でささやいた。

「天使のようですこと。いつものように」

L夫人は、K夫人のこの振る舞いが許せなかった。翌日、彼女は相手を「下層階級のあばずれ」と評し、もう二度と彼女とは口をきかないと言い放った。それで、今日、二人がカフェ・ポド・フォンタンに来ることになっていて、ゲットーの金持ちの子弟たちは二人が顔を合わせたらどうなるか、興味津々に待っていたわけである。

演奏会の前半が終わって、ゴールドフェーダーと私は一服するために外へ出た。我々はここ一年ほどデュオを組んでいた。その頃は私よりも彼のほうが生き残れる見通しがついていたのだが、先に亡くなってしまう。彼は卓越したピアニストで、弁護士でもあった。音楽院と大学の法学部を同時に卒業したが、自己批判が極端に強く、第一線のピアニストには決してなれないと見限り、法律の道を進んだのだった。戦時中のみ、再びピアニストに返り咲いたというわけである。

彼は戦前のワルシャワでは、知性もさることながら人間としての魅力、そして優雅さを持ち、ひときわ人気が高かった。後になって、何とかゲットーを抜け出し、作家ガブリエル・カルスキの家に二年間かくまわれた。ところが、ソ連軍が侵入してくる一週間前、彼はワルシャワの廃墟の近くの小さな街でドイツ兵に撃たれた。

我々は煙草の煙をくゆらしながら話をし、互いの呼吸で疲れがやわらぐのを感じていた。なんとも麗しい日だった。太陽はすでに建物の後ろに沈んでいた。屋根と上のほうの階の窓だけがまだ赤く染まっている。空の深い青がだんだん色あせていく。ツバメがそこを横切って急降下した。街路の群衆は疎らになっていた。そして、青と赤と金色の夕焼けのもとでは、ただ歩いているゲットーの人間ですら、いつもより綺麗に幸せそうに見えた。

やがて、クラムシュティクがこちらへ歩いてくるのが見えた。我々は二人とも彼を我々のコンサートに誘いたいと思った。彼は私の肖像画を描いてくれると約束していたし、その詳細について話もしたかった。

ところが、彼は誘いを受けなかった。彼は沈んで見え、憂鬱そうに考え込んでいた。数日前に信頼できる筋から彼は、今度こそゲットーの強制再移住が避けられないことを聞いていたのである。ドイツ軍の絶滅突撃隊は、すでに壁の反対側で作業の準備を終え、〝行動〟を起こそうと構えていた。

8　脅迫下の蟻塚

およそこの時期、ゴールドフェーダーと私はデュオの結成を記念したマチネ・コンサートを催そうとしていた。これを一九四二年七月二十五日、土曜日に、シュトゥカの庭で行なうことになっていた。我々は楽天家だった。二人の心はひとえにこのコンサートに注がれていて、その準備にたくさんの手間をかけていた。そんなわけだったから、さてこの記念すべき日の前夜、よもやコンサートが開けなくなるとは。再移住はまた先送りになったという噂を鵜呑みにしていただけのことだ。先の七月十九日、日曜日、ノヴォリプキ通りのカフェの庭で再度、私は弾いたのだが、これがゲットーにおける最後の演奏会となるとは考えてもみなかった。そのときのカフェの庭は満員だったけれども、気分は憂鬱だった。

演奏の後、私はシュトゥカに立ち寄った。夜も更け、カフェには誰も残っておらず、従業員だけがその日の残務で忙しくしていた。少しの時間、私は支配人と一緒に座っていた。彼はふさぎ込んでいて、従業員に対する態度もおよそ形式的で、何を指示するにしても自信がもてないようだった。

「土曜日のコンサート、準備はオーケーかい?」私は尋ねた。

彼は私が何について話しているのかわからないというようにして私を見た。そのとき彼の表情に浮かんだのは私の無知への、皮肉を隠せぬ同情だった。ゲットーの運命を完膚なきまでに変えてしまった諸々の事件をお前はどうして知らないのか、と。

「土曜日まで生きていられると、本当に思ってるのか?」

彼は、テーブル越しに私のほうへ身を乗り出して尋ねた。

「もちろんだとも!」

私の返答を聞くと、あたかもその答えが新たな安心感というものへの見込み、しかもその安全はひとえに私自身にかかっているといわんばかりに、彼は私の手を握り、熱っぽく言った。

「じゃあ、我々が本当に生きていたら、土曜日、ここで好きなものを注文しろよ、僕の奢りでな。そして、……」

彼は少しの間ためらったが、最後まできちんと言うべきだと思い直してこう付け加えた。

「シュトゥカのワイン貯蔵庫にある最高のやつを注文してもいいよ……、これも僕の払いでね。好きなだけ!」

噂では、再移住〝行動〟は日曜日の夜に始まることになっていた。しかし、その夜は静かに過ぎ、月曜日の朝には、人々は元気を取りもどしていた。おそらくまたもや、噂には何の根拠もなかったのだろうか？

しかしながら、夕方になって再びパニックが起こった。最新情報によると、〝行動〟は今夜小ゲットーの住民の移動で始まり、今度ばかりは確実だというものだった。動揺した群衆が包みや大きなトランクを下げ、子供を連れて、小ゲットーから大ゲットーへと、ドイツ軍がフウォドナ通りの上に架けた橋を渡る。そういえば、この橋はアーリア地区との最後にして唯一の接点を断つためにつくられたものだ。人々は夜間外出禁止令の前に、脅迫地域から離れたいと望んでいた。我々は、家族のいわば運命論的な生き方の選択ゆえに、ここを動かないことにした。夜遅く、ポーランド警察本部から警戒警報が発せられるという連絡を隣人が受け取る。やはり、何か悪いことが起ころうとしていた。私は朝四時まで、開けた窓の脇に座り、ずっと起きていた。しかし、その夜も平穏無事に過ぎていった。

火曜日の朝、ゴールドフェーダーと私はユダヤ人評議会の行政部に出掛けた。二人ともまだなにごとも何とかうまくいくという希望を捨ててはおらず、だからこそこの数日間、ドイツ軍がゲットーに対してどういう計画をもっているか、評議会の公式情報が欲しかった。我々が評議会の建物の中に入ろうとした矢先、一台のオープンカーが通り過ぎた。その中に、警官に囲まれて青白い顔をし、無帽のまま座っていたのが、ユダヤ人共同体厚生部の部長コン大佐だった。多数のユダヤ人の役人たちも同時に逮捕され、路上では〝狩り〟が始まっていた。

同じ日の午後、ワルシャワ中を揺るがす事件が壁の両側で起こった。有名なポーランド人外科医ラセヤ博士が、難しい手術をするためにゲットーに呼ばれた。彼は斯界のエキスパートでポズナニ大学の教授である。ワルシャワのドイツ軍警察本部は彼にゲットーに入る通行証をわたしていたが、手術が始まってすぐ、エスエス隊員が手術の行なわれている住居に押し入り、手術台上に麻酔をかけられて横たわっていた患者に銃を向け、外科医とそこにいた全員をも射殺したという。

七月二十二日水曜日、朝十時に我々は街へ出た。街路の雰囲気は前夜ほど緊迫してはいない。昨日逮捕された評議会の役人たちがまた釈放されたという旨の、にわかに不安を払いのける噂が広まっていた。やはり、ドイツ軍は我々を再移住させるつもりはないのだ。もし、移住となれば、(ずっと前に、はるかに小規模のユダヤ人共同体がどこに連れて行かれたのか、ワルシャワの外部からの報告にもあるように)、役人がまっさきに粛清されるわけだから。

フウォドナ通りの橋にさしかかったとき、時計の針は十一時をさしていた。物思いに耽って歩いていたので、最初のうち、橋の上から何かを指さす人たちに気づかなかった。まもなく、彼らは動揺をみせると足早やに散っていった。

私が橋の木でできたアーチ部分に登ろうと足をかけたとき、腕をつかまれた。しばらく会っていない友人だ。

「ここで何してる」

彼は極度に興奮していて、口を開くたびにウサギの鼻面のように下唇が滑稽にぴくぴくと動いた。

「すぐ家に帰れ！」

「何だって？」

「〝行動〟があと一時間で始まるぞ！」

「そんな無茶な！」

「無茶だって？」彼は苦々しく神経質そうに笑い、私を手すりのほうに向けさせ、フウォドナ通りを見下ろして指さした。「あれを見てみろよ！」

見慣れない黄色の制服を着た特殊部隊の兵隊たちが、ドイツ軍NCOに従われて、フウォドナ通りを行進していた。数ステップごとに部隊は立ち止まり、ゲットーを囲む壁を背に兵隊が一人ずつ位置につく。

「ウクライナ兵だ。俺たちは包囲されたんだ！」

彼の言葉は話すというより泣き声に近かった。そして、彼はさよならも言わずに階段を駆け下りていった。

全く彼の言うとおりだった。昼頃、現に軍隊は老人や退役軍人の家、宿泊用シェルターを一掃し始めた。これらのシェルターは、ゲットーに投げ込まれたワルシャワ周辺のユダヤ人はもちろん、ドイツ、チェコスロヴァキア、ルーマニア、ハンガリーから追い出されたユダヤ人を収容していたものだ。午後になると、〝再移住行動〟が始まったことを知らせるポスターが街中に掲げられた。働ける全てのユダヤ人は東方へ行くことになっていた。各人、二十キロの荷物と二日分の食糧、そして貴金属類を持っていくことが許された。目的地へ着いたら、働ける者は兵舎に宿をとり、その地にあるドイツの工場で仕事に就くことになっていた。ただユダヤ人の公共施設と評議会の役人は免除された。ここに至って初めてのことだが、この布告には、ユダヤ評議会の議長のサインが付されていなかった。ツェルニアコフは青酸化合物を飲んで自殺してしまっていたのである。

やはり、結局のところ最悪のことが起こってしまったわけだ。全体の四分の一にあたる五十万人の人口をもつ地域の人々が移住させられることになった。馬鹿げているように思われるのも無理はない。そんなことを信じる人がいるだろうか。

最初の数日間、〝行動〟は、くじ引き方式で進められた。手当たり次第に建物が包囲される。ある時はゲットーのここ、ある時はあちらというように。笛が鳴ると、指定された建物の住民全員が中庭に呼び集められ、性別や年齢とは無関係に、赤ん坊から老人まで例外なく、馬が曳く車に乗せられ、ウムシュラークプラッツへ連れて行かれた。そこは集合・移送センターとなっている。そこで、犠牲者たちは貨車に積み込まれ、見知らぬ土地へと配送されるのである。

初めの頃の〝行動〟は、もっぱら三人のドイツ人の〝強制行動〟執行員――シェリンスキー大佐、レイキン大尉、エーリッヒ大尉――指導の下、ユダヤ人警察によって遂行された。彼らは当のドイツ人以上に危険で情け容赦がなかった。彼らがいっそう悪質になるときがある――命令どおり中庭に出てこず、どこかに隠れた人たちを見つけた際、金だけで簡単に眼をつぶるというわけだ。涙とか懇願とか、あるいは子供たちの絶望的な泣き声ですらも、彼らの心を動かすことはなかった。

商店が閉じられ、ゲットーへの全ての供給が止められてから、数日間で飢餓が広がった。今度は誰もが影響を受けた。とはいえ、人々はそのことばかりにかかずらわってはいられなかった。食糧よりも大切なものを追いかけていた。雇用証明が欲しかったのである。

この恐ろしい日々における我々の暮らしがどのようなものであったか。そのことを示す格好の比喩的表現をひとつだけ考えつくことができる。それは脅威にさらされた蟻塚にほかならない。――心ない愚か者の野蛮な足が、鋲のついた踵で蟻の家を壊すと、蟻たちは逃れる道を求めてさらに忙しく動き、何とか助かる方法はないものかとあちこち走り回る。しかし、突然の襲撃によって麻痺させられたという理由からであろうと、子供がどうなってしまうか心配してのことであろうと、いずれにしても、何か不吉なものの影響を受けたかのように、さっさと逃げてしまえばいいところをそうせずに、いつも同じ通路、同じ場所へと舞い戻ってきてしまうので、死に至る桎梏の輪から脱出できないでいる。そして、蟻たちは滅びてしまう。……我々もこれと同じだった。

我々にとっては身の毛もよだつ時期に、ドイツ人たちはとてもうまい商売をしていた。ゲット一内にドイツ人の商店が、雨後の筍のように出始めていた。彼らはみなすすんで雇用証明書をこしらえた。無論、数千枚の数しかないが、それでも何ら人々をおじけづかせて思い止まらせることにはならなかった。ある商店の外には順番を待つ人の列ができて、いうなればテーベンスやシュルツの大工場の事務所ばりの体をなしていた。幸運にも雇用許可証を得た人たちの服の上には、どこで働くことになっているかを示す場所の名称がピンで止められていて、人々はこれがあれば移住から免れることができると信じていたのである。

私は容易にこの証明書を手に入れることができたが、またもやチフスのワクチンのときと同じように、私だけだった。私の知り合いの誰ひとりとして、強力なコネをもつ人ですら、私の家族全員の証明書が得られるうまい方法など思いつかないようだった。六枚の自由証明書――確かに、これは期待するほうが無理というものである。私の証明書だけの報酬では、実際たとえどんなに安い値段がついていても、とても家族全員の食いぶちにはならない。それでも、私は一日一日と稼いでは、糊口をしのごうとした。

ゲットーでの〝行動〟が始まったとき、私のポケットには数ズウォティしかなかった。自分の頼りなさと、友人たちが易々と家族の安全を確保する様を見せつけられて、私はひどく落ち込んだ。髪は乱れたまま、髭も剃らず、腹には一口の食べ物も入れずに、私は朝から晩まで、商店から商店へと情けを掛けてくれるよう施しを乞いながら、とぼとぼと歩き回った。こんなことを六日間も続け、ありとあらゆる手を打った後、何とか数枚の証明書をかき集めることができたのだった。

私がローマン・クラムシュテイクに最後に会ったのは、おそらく〝行動〟が開始される一週間前のことだったろう。彼のやつれはて、苛立っているさまは隠そうにも隠せなかったが、彼は私の顔を見て喜んだ。

「まだ、旅行に行っていなかったんだな？」と彼は冗談を飛ばそうとした。

「うん」と短く答えた。冗談を言う気にはなれない。

そこで、当時いつもみんなでぶつけ合っていた質問をした。

「どう思う？　奴らは誰も彼も、移住させる気なのだろうか」

彼はこの質問には答えず、話題をそらした。「恐ろしい見幕じゃないか！」彼は私を気の毒そうに見た。「お前は何でも深刻に考えすぎるよ！」

「じゃあ、どうすればいい？」

私は肩をすぼめた。

彼は笑って煙草に火をつけ、しばらく何も言わなかったが、こう続けた。

「待ってろよ、いつかは終わるんだから。だって……」そして、彼はあちこちに両腕を振りまわすようにして、「あんなことをしても、実際意味がないんだ。あると思うか？」と、彼はおどけて言ったものの、むしろ無力さを確信していたようだ。というのも彼の持論からすると――今、行なわれつつあることは全く無意味なことである、無意味なことは長続きするはずがない。だから、移住も終わるというようなことであったわけだ。

ところが、不幸にして、そうはならなかった。実際、次の数日間にわたり、リトアニア軍とウクライナ軍が参入してきて事態はさらに悪化した。彼らは、やり方が異なるだけで、ユダヤ人警察と同様、腐敗しきっていた。彼らは賄賂を受け取り、それを手にするやいなや賄賂を出した人たちを殺した。いずれにしろ、彼らは殺すのが好きなのだ。殺戮をスポーツとみなしているのか、あるいは仕事を簡単にするためなのか、はたまた射撃練習か単なる遊びというわけだ。彼らは母親の目の前で子供を殺し、女たちが絶望するのを見て楽しんだ。平気で人々の腹を撃って苦しむのを眺める。時々、彼らのうちの何人かが、犠牲者を横一列に並べ、遠くから手榴弾を投げ、誰のが命中するか、面白がって観察した。

どんな戦争でも、民族の中のある小グループに特定の役割をもたせるものである。あまりに臆病なためにおおっぴらには戦えず、政治上の役割を任せるにはあまり頼りにならないけれども、一方で死刑執行人に見合うくらいに卑劣な活動をすれば、戦力のひとつになるというわけだ。この戦争では、ウクライナ人やリトアニア人のファシストがそうだった。

彼らが〝再移住行動〟に手を染め始めた頃、ローマン・クラムシュティクは最初の犠牲者の一人となる。彼の住んでいた建物が包囲されたとき、笛が鳴っても、ローマンは中庭に降りていかなかった。自分の絵画作品にかこまれ、家の中で撃たれるほうを選んだのだった。

およそこの頃に、ゲシュタポの代理人、コンとヘラーが死んだ。彼らは自分たちの地位を上手に確立してはいなかったのである。というよりも、要するに倹約しすぎたのだ。つまり、ワルシャワの二人のエスエス隊長の一人だけに金を払い、もう一方の隊長の手の者に捕まったのが運のつき。彼らが築いた権力がライヴァルのエスエス隊によって暴かれたあげく、しかも彼らのテリトリーがばれて、〝ライヴァル〟をよけいに怒らせたというわけである。コンとヘラーを射殺するだけではあきたらず、ゴミ運搬車を持ってこさせ、ゴミと汚物の間に死体をのせ、ゲットーから大衆墓地へと、この二人の富豪に最後の旅をさせた。

ウクライナ軍とリトアニア軍にとっては雇用証明など眼中にない。私がせっかく六日間かけて証明書を得たのに、それも徒労に終わることになる。

私は実際、働かなくてはいけないと感じていた。問題はどうやって出歩くかだ。すこぶる意気消沈し、終日ベッドにいて、道路の音に聞き耳を立てていた。車がアスファルトの上を音をたてて走るのを聞くたびに、パニックに陥った。この車が人々をウムシュラークプラッツに運ぶ。しかし、これらの車がすべてゲットーを素通りせず、その中の一台が我々の建物の外に止まるかもしれない。いつ何時、下の庭から笛の音が聞こえてくるかも……。私はベッドから飛び起きては窓際へ行き、またベッドへ戻り、また飛び起きることを繰り返した。

家族の中でそんな恥ずかしい振る舞いをしたのは私だけだった。自分には演奏家としての知名度がある。だから、自分だけが何とか家族全部を救えるかもしれない、そう考えては責任を感じていたからだろうと思う。

両親と姉たちと弟は何ら為すべきことがないことを知っていた。彼らは自己を抑え、一見普通の日常生活を維持することに専念していた。日がな一日、父はヴァイオリンを弾き、ヘンリクは勉強し、レギーナとハリーナは読書に没頭し、母は我々の衣服を繕う。

ドイツ軍は、仕事をやりやすくするために、また素晴らしいアイディアを打ち出してきた。壁に掲げられた命令が告げるには、〝移住〟のためにすすんでウムシュラークプラッツへ出頭してきた家族には、一人あたりひとかたまりのパンと一キロのジャムを与え、そんな家族は決して離ればなれにしない、とある。この通告には大きな手応えがあった。人々は、空腹を満たす期待感と、見知らぬ難儀な土地で家族と運命を共にできるという望みとで、この通告をむしろ積極的に受け入れた。

思いがけないことに、ゴールドフェーダーが我々に援助の手を差しのべてくれた。彼は、ウムシュラークプラッツの近くにある集荷センターで、一定数の人員を雇い入れる権限を持っていた。ここではすでに移住したユダヤ人家庭から出た家具や衣類などの生活用品を集めていた。彼のつてで私と父とヘンリクはそこへ移り、続いて姉たちと母も加わることになる。彼女らは集荷センターで働くわけではなく、バラックの建物の中の新しい〝住まい〟を守ってくれた。食べ物は特別なものは何もない。それぞれ一日に半切れのパンと四分の一リットルのスープを貰い、程よく空腹を満たすため、上手に分配しなければならなかった。

これは私がドイツ人のためにする初めての仕事だった。朝から晩まで、家具、鏡、絨毯、下着、夜具、衣類などを車で運ぶ。ほんの数日前まで誰かが所有していた品物の数々は、持ち主の趣味や貧富や性格がどうであれ、それら日常品が人々の家庭そのものであったことを示していた。今や、それらには持ち主がいない。ひと山いくらの物件に格下げされ、荒っぽく扱われている。

たった一度のことであったけれど、私がひと抱えの下着を運んでいると、誰かが好んだ香水の香りが、ある懐かしい想い出とともにほんのかすかにただよってきた。そして、白地に彩色されたある人の名前の頭文字が一瞬私の脳裏をかすめた。しかし、そのような想い出にひたっている暇はなかった。あれやこれやの考えに耽っていようものなら、それが単なる不注意からであっても、警官に見つかり、つま先に鉄片をつけた靴による蹴りやゴム製の棍棒による一撃をくらった。若い者たちが応接室の鏡を落として壊したという理由だけで射殺されたように、事は命に関わることだったのである。

八月二日の朝早く、全てのユダヤ人に、その日の夕方六時までに小ゲットーを去るよう命令が下った。私はどうにかシリスカ通りから、自分の作品、私の演奏批評と作品批評を集めたファイル、それに父のヴァイオリンなどと一緒に、わずかな衣類と寝具を取ってくることができた。これらの荷物を手押し車で我々のバラックへ運ぶのは辛かった。これが我々の持ち物の全てなのである。

八月五日頃のことだったと思う。仕事の合い間にゲンシア通りを歩いていると、ヤヌシュ・コルチャックと孤児たちがゲットーを後にするところに出会った。

その朝、コルチャックが運営していた孤児院が立ち退きを命じられた。子供たちだけが連れて行かれることになっていた。コルチャックには助かるチャンスがある。彼ができることは、自分も同行できるようにドイツ軍を説得するしかない。生涯を通じて、子供たちと暮らしてきた。だから、この最後の旅を子供たちだけでさせるには忍びない。

彼は、子供たちのために、気分を和らげたいと思っていた。孤児たちに向かって、田舎へ行くのだから喜ばなくてはいけない、と励ました。君たちは、やっとこの恐ろしい息の詰まる街の壁と、花咲く牧草地や水遊びもできる小川、そしてイチゴやキノコがいっぱいある森と、取り替えっこができるのだよ、と。コルチャック先生は子供たちに一番いい服を着るように伝えると、彼らは二人ずつ並んできれいに着飾り、楽しい気分で庭に出てきた。

小さな縦列は子供好きのエスエス隊員によって率いられていた。彼はふつうのドイツ人がするように、子供たちが新しい環境に入っていくのを途中までつきそっていこうとした。彼はヴァイオリンを抱えた十二歳の少年に特別な愛情を抱いていたのだろう。行列の先頭に立って何か弾くよう、その子に伝えた。そして、子供たちは出発した。

私がゲンシア通りで彼らを見かけたとき、子供たちは笑みを浮かべながらみんなで歌をうたい、小さなヴァイオリニストがそれに伴奏をつけていた。コルチャックはニコニコしている二人の小さな子供を抱え、何か楽しい話をしてやっていた。

ガス室の中でチクロンBが子供たちの喉を窒息させ、孤児たちの心に希望ではなく恐怖がもたらされても、老先生は最後の力をふり絞って、「大丈夫だよ！　子供たち、大丈夫だよ！」と我が子たちにささやいたにちがいない。そのようにして、生から死への通過点の恐怖を少しでも和らげようと自分のささやかな義務として最後まで子供たちを思いやっていたのではないか、そう私は確信している。

一九四二年八月十六日、とうとう我々の転機がやってくる。集荷センターで選別が行なわれた。ヘンリクとハリーナだけが、まだ働けるということでパスした。父とレギーナと私はバラックへ戻るように告げられる。そこに帰ってみると、はたして建物は包囲され、中庭で笛が鳴るのが聞こえた。

これ以上抗議しても無駄だった。私は愛する者たちと自分自身を救うためにできるかぎりのことをしてきたつもりである。明らかに、最初から無理なことだったけれども。少なくとも、おそらくハリーナとヘンリクは残された我々よりもうまくやっていくだろう。

下の中庭で急くような叫び声と銃声が聞こえたので、あわただしく身支度をした。母は手近なものを小さな包みにした。それから、階段を下りた。

9　ウムシュラークプラッツ

ウムシュラークプラッツはゲットーの北の端に位置している。鉄道の引き込み線の脇にある収容地である。ここは、汚れた街路やごみごみとした裏道が入りくんで網の目のようになっている。見た目はひどく感じが悪いのだが、それでも戦前には札束が飛び交う場所だった。そうした引き込み線のひとつは世界中からやって来る大量の物資の到着地でもある。ユダヤ人の商人たちが取引をし、その後、これらの物資はナレウスキ通りやシモン横町にある倉庫からワルシャワの商店に供給される。この場所は巨大な楕円形をなしており、建物に囲まれている部分もあれば、塀で取り囲まれているところもあって、無数の小道が湖に流れ込む川のように集まり、街とここを結ぶ重要な連結点となっている。ここは道路際まで迫っている門で閉ざされており、今や八千人の人間を収容できるようになっていた。

我々が着いたときにはまだがらがらで、人々が水を求めて虚しく右往左往していた。夏の終わりの蒸暑く、よく晴れわたった日だった。空はブルーグレイ。あたかも踏みつけられた地面と建物の壁に照りかえして立ち昇る熱射で灰にしたかのような空。そして、焼けつく太陽は、くたびれはてた人間の汗の最後の一滴までしぼり取る。

この収容地の端に一本の道が入り込んでいる。その道の先には何もないように見える。誰もがここを敬遠し、そこで決してぐずぐずするようなこともなく、せいぜい恐ろしそうに一瞥をくれるだけ。というのも、そこは死体置き場なのである。ここから逃げ出そうとしたりして何らかの罪をきせられ殺された人たち。たくさんの男の死体に混じって若い女性のものもある。頭蓋骨を潰された二人のいたいけな少女の身体も。

死体が横たわる場所の壁には、さまざまな血痕と脳漿の跡がある。子供たちがドイツ人のお気に入りのやり方で殺された跡なのか……。おそらく両足をつかんで思いっ切り振られ、頭を壁に激しくたたきつけられたのであろう。大きな黒い蝿が地面にころがされた血だらけの死体の上を飛び回っている。死体はもう見るからにふくれあがっており、熱気で腐敗していた。

我々は列車を待ちながら、それなりに居心地のよさそうなところに落ち着いていた。母は荷物の包みの上に腰掛け、その脇の地べたにレギーナが寄りそう。私は所在なく立ったままで、父は手を後ろに組んでいらいらしながら行ったり来たりしていた、四歩前に行っては四歩戻るというふうに。

照りつける太陽の下、家族全員を救おうとしてあれこれと計画を立てたことも無駄になり、そうしたことに煩わされなくなって初めて、私は母を間近で見る時間が持てた。彼女は表向きは自制していたが、あらゆることに脅え怖がっていることがありありと見てとれた。かつてはとても綺麗で、いつも手入れが行き届いていた髪は色が抜け、やつれて皺になった顔によりあわせたように垂れかかっていた。いつも輝いていた黒い瞳の中の光は消え失せ、右のこめかみから頬をつたって口の端まで、顔の神経がピクピクと動いていた。こんな母をこれまで見たことがない。周りの光景にどれほど心を痛めているか、その表情に出ている。レギーナは顔を両手で覆い、泣いている。指の間から涙がぽたぽた落ちた。

　時折、車がウムシュラークプラッツの門へやってきて、再移住の決まった大量の人々が囲いの中に入れられた。新たに来た人たちも絶望を隠そうとはしなかった。男たちは甲高い声で話し、子供を取り上げられた女たちは、発作的においおいと泣いたり、すすり泣いたりしていた。ところが、いつしか収容所にただよう重苦しい無感情の雰囲気がしだいに蔓延していく。彼らは静まり返り、ほんの時たま、エスエス隊長が往来でさっさと道を空けない者や態度が少し横柄な者を撃つとき、少しばかりパニックが生じるくらいだった。

　我々のところから遠くない場所に、若い女が地面に座っていた。服はちぎれ、髪は乱れていて、まるで誰かと闘ってきたかのようだ。ところが今ではうってかわって静かになり、死人のような顔で空中の一点を見つめている。ときどき広げた指で喉をわしづかみにし、一本調子の口調で自問するのだった。「どうしてあんなことをしたのだろう！　どうして！」

たぶん彼女の夫なのだろう、若い男が優しく慰め、何ごとか納得させようとしていたが、彼女の心の中には入っていかないようだった。

収容地に運び込まれた人々の中には知り合いが大勢いた。我々のところへやってきては挨拶し、いつもの調子でおしゃべりをするのだが、その会話もすぐに途絶えがちになった。彼らにしても、不安は自分たちだけで押さえようと立ち去っていった。

日はますます高くなり、じりじり照り続け、飢えと渇きがいっそうひどくなってくる。前の晩に、最後のパンとスープを食べてしまっていた。一ヵ所にいるのが辛くなって、歩き回ることにした。そうすれば少しは気分が晴れるのではないかと思ったのである。

さらに数多くの人たちが到着し、ここはますます込み合い、立っている者や横たわっている者たちの一群を避けて歩かなければならないほどになった。人々は一様に同じことを話し合っている。本当に労働奉仕のために送られるとしても、どこへ連れられて行くのか。ユダヤ人警察がみんなに納得させようとしたけれども、いったいどこに。

収容地の一角で年老いた人たちのグループが横たわっていた。おそらく、老人たちだけの家庭から連れて来られたのだろう。ものすごく痩せ細っていて、飢えと暑さで疲れ切り、見るからに体力の限界にきているようにみえた。目を閉じて横たわっている人、とうに死んでいるか、まだ生きているかわからない人。もし、労働力になろうとしているのなら、なぜこのような人たちまでここにいるのか？

子供を連れた女たちが人の群れから群れへと「水をください」と、懇願しながらのろのろ歩いていた。ドイツ軍はウムシュラークプラッツへの水の供給をわざと止めていたのである。子供の目には生気がなく、瞼は眼にかぶさり、たれかかっていた。小さな頭は痩せた首の上で揺れ、乾いた唇は漁師が川岸に捨てた小魚の口のように開いていた。

家族のところに戻ると、客が来ていた。母の脇に彼女の友人が座り、その夫――かつては大きな商店のオーナーだった――が父や他の友人たちと一緒に話に加わっていた。この商人はとても快活な人だ。それに対し、もう一人の友人である歯医者はなにごとも暗く眺めるところがある。この医師、かつて我々の住居の近くのシリスカ通りで開業していたことがある。その彼が苛立って敵意をむき出しにしていた。

「これは我々みんなの恥だ！」

ほとんど悲鳴をあげんばかり。

「我々は死に場所へ連れて行かれるままになっている。屠殺場に送られる羊のように、ね。我々五十万人でドイツ軍を攻撃すれば、ここを抜け出すことができるんだ。少なくとも、歴史に禍根を残さず、名誉ある死に方ができるってものじゃないか！」

父はじっと耳を傾けていた。かなり当惑していたが、優しく微笑みながら、軽く肩をすくめて尋ねた。「どうして、君は我々が死の地へ送られる、そう決めつけるのかね？」

歯医者は両手をしっかり握って、「そうだ、むろん確かなことはわかりゃしないさ。どうしてわかるもんか。けどね、奴らが我々を消し去ろうとしているのは九十パーセント確実だね！」

父はまた、にっこりした。あたかもこの答えを聞いていっそう自分に確信できたかのように。

「ご覧なさい」ウムシュラークプラッツの群衆のほうを指さして言う。「我々は英雄じゃないんだよ。全く普通の人間なんだ。だから十パーセントの生きるチャンス、その望みを繋ぎとめておきたいんじゃないかな」

商人は父にうなずいた。彼の意見は歯医者と正反対だった。ドイツ人たちはユダヤ人の潜在的な労働力を無にするほど馬鹿ではない。そして、我々は労働収容所、それもおそらくきわめて厳しく運営されている収容所に行くことになるだろう、けれども、きっと我々を殺すようなことなどはしない。そう考えていた。

一方、商人の奥さんは母とレギーナに、銀の食器類を地下室の壁にどのように隠してきたか、得意そうに話していた。それらは美しく高価な銀製のもので、戻って来たらまた探し出したい、と。

収容地に別の〝再移住〟グループが入ってきたのを見かけたのは午後のことである。我々はその中にハリーナとヘンリクがいるのを見つけて、にわかに凍りついた。どうやら、我々と運命を共にすることになるわけだ。少なくとも二人だけは安全にいると思うことがどんなに救いになっていたか、というのに。

私は、ヘンリクの愚直な態度のせいで、ハリーナとともにここに来る羽目になったと思い、早く弟に会おうとした。ヘンリクの釈明を聞かないうちに、質問と非難とを浴びせかけた。彼はあえて反論しようとはしなかった。肩をすくめてポケットからオックスフォード版のシェークスピアの小さな本を取りだし、端のほうへ移って読み始めた。

どうしてこのようなことになったのか、ハリーナが話してくれた。仕事中に家族が連れ去られたことを知った二人は、我々と行動を共にしたいと思い、ウムシュラークプラッツ行きを志願したという。何と馬鹿げた行動に走ったことか、感情にまかせて！　私はどんなことをしても、二人を逃れさせようと決心した。ともあれ、二人は移住者のリストには入っていないのだし、ワルシャワにとどまることができるのだ。

ハリーナとヘンリクを連れて来たユダヤ人警官は、シュトゥカのカフェ以来の知り合いだった。私は彼の気持ちを和らげ、二人がここにいる理由がないことを簡単に説得できるつもりでいた。けれども、あいにくそれは誤算だった。二人がここから出て行くことは聞き入れられなかった。どの警察官も似たり寄ったりなのだが、彼にしてみれば、自分に課せられたノルマとして、一日に五人の人間をウムシュラークプラッツに連れて来なければならず、これに従わなければ当の本人が〝再移住〟させられるというわけだ。彼はとてもくたびれており、二人を解放して、またどこからか別の二人を捕らえてくるというような意欲はとうに失せていたのである。彼が言うには、警官が声をかけると、人々は隠れてしまうので、〝人狩り〟はそう簡単な任務ではない。いずれにせよ、彼はあらゆることにうんざりしていた。

私は手ぶらで家族のところに戻った。我々の中から少なくとも二人だけでも救おうというこの最後の試みすら、以前にいろいろと試みてきたこととなんら変わることがなかった。私は母の傍らにひどく憂鬱な気分で座った。

すでに午後五時になっていたが、まだ蒸暑く、時間が経つにつれ、群衆の数は増え続けるいっぽう。雑踏の中で、人々ははぐれ、互いに呼び合ったとしても相まみえるようなことなど望めない。手入れが行なわれているらしく、近くの路上から銃声や叫び声が聞こえてくる。列車がやって来る予定時刻が近づくにつれて、動揺はますます募る一方だった。

隣で「どうして、あんなことをしたんだろう?」と独りごちる女の声が、他の誰の声よりも神経に障るようになる。今では、何の話をしているのかわかっていた。父の友人である商人が目撃していたのである。話というのはこうだ——建物を去るように言われたとき、この夫婦と子供たちはあらかじめ目をつけていた場所に隠れた。警官が通りかかると、赤ん坊が泣き出した。母親は恐怖のあまり赤ん坊を自分の手で絞め殺してしまう。不運にも、それは何にもならなかった。赤ん坊の泣き声と、死に至る物音とで発覚してしまった……。

ちょうどその時、一人の少年が首から甘い物の入った箱を吊り下げ、群衆の間をかき分けて我々のほうへ近づいてきた。彼がお金というものをどう考えていたかはわからないが、彼は甘い物を法外な値段で売っていた。我々は小銭の残りをかき集め、たった一個のクリームキャラメルを買った。父はそれを懐中ナイフで六つに分けた。これがみんなで一緒に食事をした最後となる。

六時頃になると、当収容地には神経がぴりぴりするような緊張感がただよい始めた。何台かのドイツ軍の車が乗りつけられ、警官たちが連行する人々を調べ始め、若くて屈強な者を選別した。これら幸運な者たちは明らかに別の目的に使われることになる。何千人かの群衆がそちらの方向に押し寄せた。人々は叫び、ここから立ち去りたいがために競って前に出て、自分の屈強さを誇示しようとする。ドイツ軍はこれに対して、発砲して応えた。

まだ我々のところにいた歯医者は憤りを抑えることができなかった。彼はさも父が悪いとでもいうかのように、荒々しく飛びかかった。

「だからいわんこっちゃない、奴らは皆殺しにする気だ。働ける人間だけがここに残るんだ。死が向こうで待ってる……」

群衆の騒音と輸送車の移動方向を示す銃声の音に負けじと、こう叫ぼうとしたようだが、彼の声はとぎれた。

すっかり意気消沈し、悲嘆にくれた父は、何も答えられないでいた。商人は肩をすぼめ、皮肉な笑みを漏らしている。彼の精神状態はまだ正常だった。数百人を選んでみたところで何になる、とでも考えていたのだろう。

ドイツ軍はなんとか労働力を〝選別〟して立ち去ったが、群衆の動揺は収まらない。その後すぐに、遠くで機関車の汽笛が聞こえ、貨車が近づくとともに、ガタゴトする音が響いてくる。数分も経つと、列車が視界に入ってきた。十数台の家畜用貨車がゆっくりと我々のほうに近づく。

同じ方向に吹く夕方のそよ風が、息がつまるような塩素臭を我々のところにまで持ち運んできた。

ほぼ同じ時刻、収容地を取り囲むユダヤ人警察とエスエス隊の非常線はいっそう密になり、中央部に向かってその範囲をかため始めた。再び、脅しの発砲の音。すし詰めの群衆から女たちの号泣や、子供たちの泣き声がひときわ伝わってくる。

乗車する用意はできているのに、どうしてこんなに待たせるのか？　貨車には早く乗るにこしたことはない。列車から数歩のところに警官が並んで立っていて、群衆が通りやすいように道を広く空けていた。この道は塩素消毒された貨車の開いた扉へと続いている。

我々が列車のところまで行きつく前に、先頭の車輌はもう満杯になっていた。その中につめこまれた人々は互いに押し合いへし合いしながらかろうじて立っている状態。中から換気を訴える大きな叫び声が上がるのだが、エスエス隊員たちはただライフルの台尻でつつくばかり。実際、塩素の強烈な臭いは列車からかなり離れていても呼吸を困難にさせる。床に大量の塩素が撒かれているとして、あの中は一体どんなことになっているのか？

列車のほうまで半分ほど行ったとき、突然誰かが叫ぶのが聞こえた。

「ここだ！　ここだ！　シュピルマン！」

誰かの手が私の襟をつかむや、いきなり後ろへ投げ飛ばされ、警察の隊列の外へ出されてしまった。

何ということをしてくれるんだ？　家族と離れたくない。家族とここにいたいんだ！

一分の隙なく整列した警官たちの背中で遮られて、何も見えない。身体をぶつけてもとに戻ろうとしたが、彼らは列を開けようとしない。警官たちの頭の間から、ハリーナとヘンリクに助けられて、母とレギーナが貨車によじ登るのが見えた。父は私を探して、周りを見回していた。

「父さん！」私は叫んだ。

父は私のほうを見て二、三歩駆け寄ろうとしたけれども、一瞬たじろいで立ち止まった。その顔は青白く、唇は神経質に震えていた。父は笑おうとしたができず、満面を苦痛でいっぱいにしながら片手を上げ、あたかも私が生きることを開始し、彼はまるで墓の中から挨拶をするかのように、さよならの手を振った。それから、父は振り向いて貨車のほうへ歩いて行った。

私は再度、警官の肩や背中に全力で突っかかった。

「父さん！　ヘンリク！　ハリーナ！」

この極めて大切な最後の瞬間に、みんなと一緒に行くことができない。これが永遠の別れとなってしまうのかと思うと、恐ろしくなって狂人のように叫んだ。

警官の一人が振り向いて、怒ったように私をにらんだ。

「一体、お前は何をやっとるのか？　速く行けよ、助かったんだぜ！」

助かっただと？　何から助かったというのか。一瞬のうちに、私には貨車の中にいる人たちを待っている正体がわかった。髪の毛が総立ちした。

背後をちらっと見た。がらんとなった収容地、鉄道線路、プラットフォームがあり、その向こうに街路が見えた。動物的な強迫観念に駆られた私は街路を走り、ちょうど出てきたばかりの評議会の労働者の隊列にもぐり込み、門をくぐり抜けた。

再びまともに考えられるようになったとき、私はどこかの建物の間の舗道にいた。折しもエスエス隊員の一人がユダヤ人警官と家の中から出てきた。エスエス隊員は無表情で傲慢な面構えをしていた。警官はエスエス隊員に文字どおりぺこぺこと取り入って、笑いながら小踊りするように付き添っている。彼はウムシュラークプラッツに停まっている列車を指さして、ドイツ人に対する仲間どうしの気安さとともに、いささか風刺をこめて言った。

「ほら、あれは、溶かされに行くんですよね!」

私は彼が指さしたほうを見た。貨車の扉は閉じられ、列車はゆっくりと大儀そうに走り出している。私は引き返した。貨車に閉じこめられた人たちの泣き叫ぶ声が小さくなっていく。その声につきまとわれて、よろめきながら誰もいなくなった通りを大声で泣きながら歩いた。それは死の危険に晒された籠の中の鳥のさえずりのように街中に響いた。

10　生きるチャンス

私はひたすら真っ直ぐに歩いた。どこへ行こうという目的を定めることもできないままに。ウムシュラークプラッツ、それに家族を連れ去った貨車は、もはや過去のものとなった。列車の音はもう聞こえない。列車は数キロ先に行ってしまっていた。それでも、まだ、私の中では、それが立ち去っていくのがありありと感じられる。

舗道を一歩進むたびに孤独感が増す。これまでの私の人生をつくりあげてきたあらゆることから取り返しのつかない形で引き離されてしまったことに気づいた。何が自分を待っているかわからないけれども、想像するかぎり最悪なものであることだけは確かだった。家族が最後に住んでいた建物に帰れる見込みは全くない。エスエスの護衛兵にたちどころに殺されるか、間違って再移住のための輸送を免れた人たちと同じように、またウムシュラークプラッツに送り込まれるのが関の山。とりあえず夜をどこで過ごそうか、当面のことさえ思い浮かばない。無意識の中で、近づきつつある夕暮れにひそむ恐怖感を抱きつつも、その時点では実際どうしようもなかった。

街路はきれいに清掃されていた。家々の扉はロックされているか、住民が立ち去った建物では、扉がいっぱいに開けられていた。

ユダヤ人の警官が近づいてきた。そんな奴になぞ興味がなかったので、「ウワディック」と呼ばれなかったら、全く関心を払わなかっただろう。

私が立ち止まると、その警官は驚いて言い添えた。「こんなところで何してる？」

ここでようやく、誰だかわかった。親戚の一人で、我々の家族から、あまりよく思われていない男だ。彼の素行にはどこかいかがわしいところがあり、自然と彼を避けようとしてきたのである。いつも困難を何とかうまくくぐり抜け、他の人から正しくないやり方と謗られるようなやり方で地歩を固めていた。警察に加わったときも、その悪評が確乎たるものになるだけだった。

制服を着た彼を認めるやいなや、こうした思いが頭の中を駆けめぐったが、次の瞬間、彼は現在の私に最も近い、実際のところ唯一の親戚ではないかと思い当たった。いずれにせよ、私の家族のことを知っている人であることには違いない。

「こんな目に遭わされたのさ……」と切り出してはみたが、両親、弟、姉たちがどんなふうに連れ去られたかを話そうとする段になると、なんとも言葉が出てこなかった。けれども、彼にはわかっていた。私に近づき、腕をつかんだ。

「たぶん、それでよかったんだ」彼はそうつぶやくと、あきらめの素振りをした。「実際、早ければ早いほどいいんだ。我々みんなに待ち受けていることさ」

一瞬の沈黙をおいて、続けた。「まあ、とにかく、俺のところへ来いよ。少しは元気も出るってよ！」

私はうなずき、逃避行の最初の夜からこの親戚と一緒に過ごすことになる。

朝、ユダヤ協議会の新議長ミエチスワフ・リヒテンバウムに会いに行った。ゲットーのカフェでピアノを弾いていた頃からの知人である。彼の提案は、私がドイツ軍の絶滅特殊部のカジノで弾いてはどうかということだった。そこは、ユダヤ人殺害でくたびれはてた一日の後、ゲシュタポとエスエス隊員たちがくつろぐところである。彼らは早晩いずれ殺されるユダヤ人たちからもてなしを受けていた。もちろん、そのような役目などおことわりだし、議長の提案など受けたくはない。リヒテンバウムは私がその仕事にどうして乗り気にならないのか理解できず、断わると気を悪くした。それ以上話し合うことはせずに、彼は、大ゲットーの壁を壊す労働者の中に私を登録した。ここは今度、アーリア人街と合併することになったのである。

翌日、この二年間で初めてユダヤ人街から外に出た。八月二十日頃の晴れた暑い日だった。その前、何日か続いた晴天。ウムシュラークプラッツで家族と最後に過ごした日々が思い出されるような快晴。我々は二人のエスエス隊員に引き連れられて、ユダヤ人指揮官の命令下、四列に隊列を組んで歩いた。ジェラズナ・ブラーマ広場で止まる。

そうか、まだこんな生活があったんだ！　露天商たちは品物を籠に一杯入れて、今でこそドイツ人の商店に改装されてしまっているけれど、かつての市場の入口付近で商っていた。まばゆい陽光が果実や野菜の色に輝きを与え、魚の鱗の光沢をひき立たせ、保存容器の錫の蓋に反射する。女たちが商人たちの間を歩き、籠から籠へとめぐっては値引きの交渉をし、買い物を済ませると街の中心のほうへ立ち去る。金と通貨の売人が物憂げに呼びかけていた。

「金だよ、金だよ、どうだね。ドルだよ、ルーブルだよ！」

どこかの交差点からであろう、遠くの側道から車が警笛を鳴らすのが聞こえ、やがてグレー・グリーンの模様がついた警察のトラックが目に入ってきた。商人たちはパニックに陥り、急いで商品をまとめると一目散に逃げ出した。広場のいたるところに、怒号が飛び交い、甚だしい混乱が生じた。そうだ、現実にはここですら、なにごともうまくいっていないのだ。

我々は壁の取り壊しの作業をできるだけ遅らせようとしたので、仕事は長い間続いた。ユダヤ人の指揮官は別段我々を痛めつけるようなこともなく、エスエス隊員ですらゲットー内のように邪険に振る舞うことをしない。現に彼らは少し離れたところでもっぱら会話に夢中になり、時折、眼をきょろきょろさせるくらいのものだった。

トラックが広場を通り過ぎると、商人たちは元の持ち場に戻り、広場には何ごとも起こらなかったような空気がただよう。私の同僚たちは一人ずつ群から離れて、売店で物を買い、めいめい、袋やズボンのポケットや上着の中にしまい込んだ。あいにく、私にはお金がなかったので、空腹をかすかに感じながら、ただ見ているだけだった。

サスキ公園のほうからやってきた若い男女の二人連れが我々のところに近づいてきた。見るからに、二人ともよい身なりをしている。その女性はとても魅力的で、つい目が行ってしまう。口紅をつけ、笑顔が浮かんでいる。彼女がヒップを軽く揺する。すると、太陽が女の頭部のまわりにきらめく光の輪を醸し出し、彼女の金髪をそれこそ黄金に変えるかのようだった。二人が我々の脇を通り過ぎた。その時、女が歩調を落として、声をあげた。「ねえ、ご覧なさいよ、ほら」男のほうは何のことやらわからず、物問いたげに女を見た。

彼女は我々を指さした。「ユダヤ人たちよ！」

連れの男は一瞬驚くと、肩をすくめた。「え？　ユダヤ人を見るの、はじめてかい？」

女はいささか当惑したように微笑んで、彼にピッタリ寄り添い、市場のほうへ去っていった。

その午後、私は何とか仲間の一人から五十ズウォティを借りて、パンとジャガイモを買った。パンをいくらか食べ、その残りとじゃがいもをゲットーに持ち帰った。その夜、生まれて初めて〝商取引〟なるものを経験した。パンを二十ズウォティで買ったが、ゲットーでそれを五十ズウォティで売った。ジャガイモは一キロ三ズウォティしたが、これを十八ズウォティで売った。私はこの何年かで久しぶりに満腹になるまで食べ、手元には翌日の買い物のためのわずかな運転資金を残した。

取り壊しの作業はおよそ単調きわまりないものだった。我々は朝早くゲットーを出て、あたかも午後五時まで働いていたかのように、煉瓦を山と積んだ場所にたむろしていた。同僚たちは商いの知識を得たり、何を買ったらよいかあれこれ考えたり、いかにそれらをゲットーに持ち込むか、またいかに有利にさばくかなど、ありとあらゆる種類の取引に関わる話題で時間をつぶした。私はほどほどに生活費を稼げる品物しか買わなかった。何か思うところがあるとすれば、家族のことだ。今どこにいるんだろう？　どこの収容所に連れて行かれたんだろう？　どうやってそこまで行ったんだろう……。

ある日、旧友の一人が我々のグループとすれちがった。タデウシュ・ブルーメンタールだった。彼はユダヤ人なのだが、アーリア人風の容貌をしていたので、改めて素性を確かめる必要もなく、ゲットーの外側で暮らしていける。私に会って嬉しそうにしていたが、私がこのような困難な境遇にあるとわかって悲しんだ。彼はいくらかのお金をくれ、助けてくれることを約束した。――翌日一人の女性を寄こす。で、もしも誰にも見つからずに逃げ出せるようだったら、その女性が隠れ家に私を連れて行く、と。後日、その女性は来たことは来たのだが、残念ながら一緒に住むはずの人がユダヤ人を匿うのは嫌だという知らせをもってきた。

別の日、ワルシャワ・フィルハーモニーの指揮者ヤン・ドゥヴォラコフスキが広場を横切ってきた。私との再会に心底感動したようだ。私を抱擁して、家族の消息を聞いてきた。ワルシャワから連れ去られたことを話すと、驚いたように心からの同情を寄せ、私の顔を直視した。何か言いたげな素振りをしたが、言葉にならない。

「みんなに何が起こったと思う？」とても不安に駆られ、私は訊いた。

「ウワディスワフ！」彼は私の手を取り、温かく握りしめた。

「おそらく、君にとっては知るのが最善かと……。気をしっかりもてるかな？」彼は一瞬ためらって、私の手を押さえて、ほとんど囁くように静かにつけ加えた。

「ご家族に会えることは、もうないだろうよ」

彼は素早く振りむくと急いで立ち去ろうとした。数歩進んでは振り返り、戻ってきて私を抱いた。けれども、私にはもう彼の温かい友情に応える力が失せていた。

そんなことなどわかりきっていたことだ。無意識のうちにも最初からユダヤ人が、「好条件で働ける場所」とやらが移住先で待っているというような、ドイツ軍収容所のおとぎ話が実際のところ真っ赤な嘘だということ。予想されることといえば、さしずめドイツ軍の手で下される死くらいなものである。そうしたことがわかっていながらも、ゲットーの他のユダヤ人たちと同じく、そんなことなどあるはずがなく、今度ばかりはドイツ軍の約束通りだという幻想を抱いてしまっていた。家族を思うとき、どんなに過酷な状況であろうと、ともかく生きていることを想像しようとした。結局はいつかまた会えるのだ、と。

ドヴォラコフスキは私がかくも思いを込めて期待してきた自己欺瞞の構図をぶちこわしてしまったわけだ。もっともあとになってようやく彼の言うことが正しいと納得することができたのだが、ともあれ、死が必ずやってくることをわきまえてこそ、どんな厳しい状況に置かれても自分は生き抜くのだというエネルギーがふつふつと湧いてきたのである。

その後の数日間、あたかも夢の中にいるかのように、朝、自動的に起きては自動的に動き回り、夕方にはまた、ユダヤ人評議会からあてがわれた備品倉庫の中にある板ベッドの上で自動的に眠った。ともかく、私は母、父、ハリーナ、レギーナ、ヘンリクの死が動かしえない事実となったことに耐えなければならない。

ワルシャワにソ連空軍の空襲があった。誰もが防空壕に逃げた。ドイツ人たちは脅え、この逆襲に怒り狂っていたが、他方、表には出せないもののユダヤ人たちが大喜びしたことは言うまでもない。爆弾が落ちるときの低く唸るような音を聞くたびに、我々の顔は輝いた。ユダヤ人にとって、この音は助けが近づいたしるしであり、ドイツの敗北の音であり、我々が救われる唯一の道であったのだ。私は防空壕には入らなかった。生きようが死のうがどのみち同じことだから。

そういうことがあってのち、壁を壊す際の作業にチェックが入るようになる。見張りのリトアニア兵が、我々が市場で何も買っていないかどうか確かめることに。警備本部を通るときやゲットーにもどる際にも、さらに徹底した検査が行なわれた。

ある日の午後、全く不意に我々のグループで〝選別〟が行なわれた。若い警官が警備本部の外に陣取り、腕まくりをし、彼らが最善だと思っているくじ引きシステムに従って、我々を二つに分け始めた。左側の者には死を、右側の者には生をといった具合。私は右へ行けと言われた。左側に行った人々は地に顔を伏せなければならない。警官は拳銃でその人たちを射殺した。

およそ一週間後、ワルシャワに残された全てのユダヤ人に対する新たな〝選別〟の通告が壁に張り出された。すでに三十万人が〝移住〟させられ、現在十万人が残っており、そのうちたった二万五千人しか市に残れないことになっていた。それに見合う人はみなドイツ軍にとって不可欠な職業人と労働者だった。

ユダヤ評議会の職員は指定された日に評議会の建物の中庭に行かねばならず、残りの市民はノヴォリプキ通りとゲンシア通りの間にあるゲットー課まで出頭しなければならない。念には念を入れてのことであろうか、ユダヤ人の警官の一人でブラウパピアーと呼ばれる役人が評議会の建物の前に立っていて、手に鞭を持ち、中に入ろうとする者をかたっぱしから自分の思い通りに鞭打った。

やがて、番号をスタンプした紙片がゲットーにとどまる者に手渡された。評議会には五千人の職員を維持する利権があった。私はといえば、初日に番号を得ることはできなかったが、これも運命と諦め、ぐっすり眠った。友人たちは、心配のあまりほとんど気も狂わんばかりだった。翌朝、ようやく番号がもらえた。我々は四人並んで列をつくり、部署につかされた。死を免れる人数が多すぎないように、突撃隊長ブラントの指揮下にあるエスエス統御司令官がわざわざ出向き、人数を数えるまで待たなくてはならなかった。

警官に取り囲まれながら四人ずつ歩調を合わせて行進し、ゲンシア通りに出るために、まず評議会ビルの門のほうへ向かった。我々はそこに宿泊することになっていた。我々の背後には、死を宣告された人たちがあちこちに身を投げ出し、金切り声を上げては泣き喚き、我々の奇跡的な脱出に対し呪いの声を上げた。生か死かの決断を指揮していたリトアニア兵は、今や常習となっているやり方で群衆を鎮めようと発砲した。

かくて、私にはまたもや生きるチャンスが与えられることになる。しかし、どのくらい生きられようか。

11 〝狙撃手たちよ、立て〟

私はまた引っ越しをした。シリスカ通りに住んでいたときに戦争が起こって以来、何度したかわからない引っ越しの、これが最後となる。今度は、部屋が割り当てられた。とはいっても、必要最小限の家財道具と板ベッドしかない小さな空間にすぎない。部屋の同居人はプロザニスキ一家の三人とミセスA。彼女はもともと自分に引きこもりがちの物静かな婦人だが、同じ部屋の中では他の人たちと同じように、実際そのようにしなければならなかった。

そこに入居してからの最初の夜、完膚なきまでにがっくりさせられるような夢を見る。これは家族の運命について考えていたことの最終確認のように思われた。弟のヘンリクが夢の中に出てきた。彼がやってきてベッドに寄りかかり、こう言う――「僕たちはもう死んでるんだ」

通りの往来が頻繁なため、朝六時には目が覚める。外からは、大声で話す声やら何やら、活気が伝わってくる。ウジャズドウスキ大通りにあるワルシャワ・エスエス司令官の官邸を改装するために働いている特権的な労働者たちはもう仕事に掛かっていた。その〝特権的〟地位とは、出掛ける前に栄養ある肉入りのスープがもらえるという代物。スープは得心のいくもので、その効果たるや何時間も保つものだ。我々は彼らのすぐ後に出掛けたが、薄く水っぽいスープを飲んだだけで、胃袋はほとんど空っぽ状態。実際その栄養価は仕事の度合いに見合うものなのだけれど。我々はユダヤ人評議会ビルの中庭の掃除をすることになっていたわけだ。

翌日、私とプロザニスキと彼の未成年の息子は、評議会の倉庫と評議会役人の住居がある建物へと送られた。午後二時に、耳慣れたドイツ軍の笛の音といつもの怒鳴り声が聞こえ、中庭に召集された。我々はすでにドイツ軍によって大層苦しめられていたけれども、塩の柱さながらにただ凍りついていたにすぎない。つい二日前に、生きることを意味する番号が割り当てられたばかりである。この建物にいる者は誰でも番号を持っていたから、これがまた別の選別であるはずはない。どういう事情なのか？　一体どうしたのか？　我々は急いで降りた。案の定、〝選別〟だった。

私は絶望に陥る人々を眺め、怒鳴り散らしては息まいて家族を引き裂き、右と左へ分けながら我々をののしり叩くエスエス隊員の声を聞いた。またまた、我々の仕事グループは生きることを運命づけられたが、何人かの例外がいた。その中にはプロザニスキの息子が入っていた。私とも親しくなった明るい少年だ。まだ二日間しか同じ部屋で住んでいないのに、早くも彼のことが大好きになりはじめていた。彼の父親の絶望ときたら、筆舌に尽くしがたいものだった。ゲットー内の何千人もの母親と父親がこの数ヵ月間、同じ絶望を味わっていた。

〝選別〟は、さらに特殊なケースまでも生み出すことになる。ユダヤ人社会でも羽振りのいい人たちの家族が、買収不可能とされていたその地域のゲシュタポの役人から〝自由〟を金で買っていた。その一方で、数合わせのために、実際にはドイツ軍にとって有用な大工、給仕、美容師、床屋など腕の立つ働き手が彼らの身代わりにウムシュラークプラッツへ送られ、死の場所へと連れて行かれた。たまたま、若いプロザニスキはウムシュラークプラッツから逃れ、しばらく生き延びたという。

その後間もないある日、遠く離れたモコトウ区にあるエスエス兵舎の建物の仕事に私を割り当てた、と我々のグループリーダーから告げられた。彼は、そこなら食事もよく、何かと待遇がよいと請け合ったが、事実は全く違っていた。

私は仕事に間に合うように、二時間も早起きし、街の中を通って十二キロも歩かなくてはならなかった。長い距離を歩いてへとへとになって到着すると、背中に板をしばりつけ、そこに煉瓦を積み重ねて運ぶという、私の力ではとても及ばぬ作業を真剣にこなさなければならなかった。この作業の合い間には、バケツに入った石灰や鉄筋も運んだ。私はうまくやったつもりだったが、将来この建物に入居することになっているエスエスの監督は、我々の仕事があまりに遅いと難癖をつけた。ドイツ兵は山と積まれた煉瓦や鉄筋を駆け足で運ぶように命じ、誰かが眩暈を起こしたり、立ち止まったりしようものなら、皮の間に鉛の弾をはめ込んだ鞭を隠し持っていて、これで打ち据えた。

実際のところ、もし私がもう一度グループリーダーのところへ行って事情を述べ、ウジャズドウスキ大通りにあるエスエス司令官の小さな官邸を建設する仕事に変えてもらわなかったら、この最初のきつい肉体労働の仕事をどう切り抜けていたかわからない。新しい仕事は条件に見合うもので、何とかやっていけた。

私がここの仕事に耐えられたのは、ドイツ人の煉瓦職人の親方や腕の立つポーランド人の職人たちと一緒に働けたからである。何人かは契約で働いていたが、強制的に働かされている者たちもいた。結果的に我々はさほど目立たなくなって、必ずしも一つにまとまったユダヤ人グループではないとみなされるようになり、いつしか休憩を取るために交替できるようにもなった。その上、このポーランド人たちはドイツ人の監督者に対して、みんなと共通の言い分があり、我々に手を貸してくれた。

もう一つの頼もしい要因は、その建物を担当している建築家がブルムという名のユダヤ人エンジニアだったことである。彼は他にユダヤ人技術者のスタッフを従えていたが、みな優秀な専門家ばかりだった。ドイツ人たちはこうした立場を公式には認めておらず、煉瓦職人の親方シュルトケを形式上の責任者にしていた。彼は典型的なサディストで、好きなときに技術者たちを殴る権限を持っていた。しかし、腕の立つユダヤ人職人たちがいなければ、実際のところ彼は何もできないのである。そのため我々はみな、いつもより紳士的に扱われた。無論、のろのろしていたり、仕事をさぼったりした場合の折檻は別のことである。そんなことなどこのような時代の風潮の下ではとるにたらないことだった。

私は、気のいい煉瓦職人、バルトチャクというポーランド人の下で、煉瓦運びの人夫となった。もちろん我々の間に、ある種の摩擦が生ずるのはいかんともしがたいものである。時々、ドイツ人たちは我々につきっきりでいた。そういう場合には、彼らが望むどおりに仕事をしなければならない。私は最善を尽くしたのだが、それでも必ずや梯子を倒したり、石灰をこぼしたり、足場から煉瓦を落としては、バルトチャクまでとっちめられることになる。ドイツ人の逆鱗に触れてのち、今度は彼が私に怒る番となる。顔を真っ赤にし、独り言をつぶやきながら、ドイツ人が行ってしまうのを待つ。そして、やおら帽子を額から後ろへずらし、尻に手をおき頭を振りながら、石工としての私の不器用さに失望して、長広舌を始める。

「どういうつもりかね。あんた、ラジオで演奏してたというじゃないか、シュピルマン君？」彼は怪しんでいた。「あんたのような音楽家というのは、シャベルも扱えん、板から石灰も、よう削りとれん。みんな駄目にしちまう！」

そう言って彼は肩をすぼめ、疑わしそうに私を見て、唾を吐き、怒りでもう我慢ならんとばかりにひときわ甲高い声で怒鳴る。「馬鹿もん！」

しかしながら、私が自らどこにいるかも忘れ憂鬱な思いにふけっているときなど、ドイツ人の監督官の姿が見え、こちらにやって来ないうちに、バルトチャクは必ず警告してくれた。「モルタル！」彼が怒鳴ると、その言葉は敷地全体にこだまし、私は手元に回ってきたばかりのバケツや煉瓦鏝《こて》をひっつかんでは勤勉に働いているふりをした。

これからやってくる冬をどうすればいいのだろう、そう考えると不安になる。防寒用の服もないし、手袋もない。いつも寒さには敏感なので、こんな厳しい肉体労働の間に手が凍傷にでもかかったら、ピアニストとしての経歴に終止符を打つことになりかねない。風が日に日に冷たくなる中で、私は暗い気持ちを募らせながら、ウジャズドウスキ大通りの木々の葉が色づくのをぼんやり眺めていた。

この時点では、暫定的に生きる許可を意味した番号に永続的な資格が付与され、同時に私はゲットーのクルザ通りの一角に移った。仕事の場所もアーリア人地区に変わる。大通りの小さな官邸の仕事は終わりに近づき、わずかの労働力しか必要でなくなっていたのである。我々のうち何人かはナーブット通り八番地へ移され、エスエス将校の部隊の宿泊施設を準備することになる。

ますます寒さがきつくなって、作業をしていると指がかじかむことが頻繁になった。もし、助かる見込みがないとしても、どのようにおしまいにするか、私にはわからない。とはいえ、いわば悪運の中に幸運の訪れあり、である。ある日、私は石灰を運んでいるときにつまずき、足首を捻挫してしまった。こうなると、建物の敷地内の仕事には役に立たなくなってしまい、技師のブルムは私を商店の作業に回してくれた。十一月も終わりのことで、いわば自分の手を救うであろう最後の機会となったわけだ。むろん、商店の中は、どんな場所であっても屋外よりは暖かだった。

ウジャズドウスキ大通りで働いていた労働者が続々と我々のところへ送り込まれると同時に、我々を監督していたエスエス隊員たちも大挙してこのナーブット通りの敷地へ移動してきた。

ある朝、移動してきたエスエス隊員の中の一人、我々にとって疫病神ともいうべき男に遭遇する。サディストで、我々はその名を知らず、スウィック・スワックと呼んでいた。ある種のやり方で人々を虐待することにエロティックなまでの快感をむさぼるという輩だった。怠慢な者や違反者を見かけるとすぐ、かがむように命令し、人の頭を自分の太ももに挟んで強く締めつけ、怒りでまっ青になるほど食いしばった歯から「スウィック、スワック！ スウィック、スワック！」という音を漏らしながら、その不運な人の背中を革の鞭で殴る。犠牲者が苦痛のあまり気絶するまで許そうとしなかった。

またぞろ、さらなる〝再移住〟の噂がゲットー内を駆けめぐった。それが本当なら、ドイツ軍が我々を絶滅させようとしていることは明らかだ。結局のところ、我々はたった六万人しか残っていない。それなのに、街からこれほど少なくなった人間を排除しようとするからには、他にどんな目的があるのだろうか？

かくて、この際ドイツ軍に抗戦しようという考えがますます頻繁に論議されるようになる。とくに、若いユダヤ人たちは闘う決意を固め、ゲットー内のあちこちで秘密裡に要塞をつくりはじめた。これで最悪のことが起こっても防戦できる。とうぜんドイツ軍がこうした動きを敏感にかぎつけたことはいうまでもない。というのも、ゲットーの壁に掲げられた通告には、もう〝移住〟をやるつもりのないことが心を込めて保証されていたからである。我々のグループを見張っている兵隊たちも毎日それと同じ情報を提供し、こうした当局の意向にいっそう説得力をもたせるべく、当分の間アーリア人地区から一人あたり五キロのジャガイモとひとかたまりのパンを買ってもよいと正式に許可してきたくらいなのだ。ドイツ軍の好意というべきか、我々のグループの代表が毎日街の中を自由に動き回り、これらの買い物ができるように配慮したものである。

我々は〝マジョレク〟という名で知られる勇敢な若者を小隊長に選んだ。まさかこの若者が我々の指令に従い、ゲットーの地下抵抗組織と外部のポーランド人抵抗組織とのつなぎとなることなど、ドイツ軍は思いもしなかっただろう。

一定量の食糧をゲットーに持ち込むことが公けに許可されたことで、我々のグループの周りではにわかに取引が活発になった。毎日、ゲットーを出る時間になると、一群の商人たちが待ちかまえている。彼らは古着を持ってきて、私の友人たちを相手にそれを食べ物と取り替えた。私は、この取引よりも商人たちが持ってくるニュースのほうに興味があった。連合軍はアフリカに上陸し、スターリングラードは三ヵ月目の防衛戦に入っているという。当地ワルシャワでは陰謀事件が続いているとも。また、ドイツ人のカフェクラブに手榴弾が投げ込まれた。……これらのニュースのひとつひとつが我々の精神を高揚させ、生きて耐えぬく力とともに、ドイツが近い将来敗北するという信念を我々に抱かせることになる。

その後すぐに、ゲットーで初めて、武装報復が始まった。まず最初の鉾先は、我々の中の腐敗分子に向けられた。ユダヤ人警察で最もたちの悪い奴の一人が殺された。レイキンという男は人狩りに励み、ウムシュラークプラッツへの割り当てを行なうことで悪名を馳せていた。彼のすぐ後に、ゲシュタポとユダヤ評議会の間で立ち回っていたファーストという男が、ユダヤ人暗殺者の手に掛かって殺された。ゲットー内のスパイたちは初めて恐怖を感じ始めた。

私は自己の精神と生き抜く意志とをしだいに取り戻した。ある日、私はマジョレクのところへ行き、街に出向いた折、私の知人に電話し、なんとかしてゲットーから私を救出して匿ってくれないかと伝えるよう、頼み込んだ。その午後、胸をどきどきさせながらマジョレクの帰りを待った。彼は悪い知らせを持ってきた。あてにしていた知人はユダヤ人を匿う危険は冒せないという。結局のところ、彼らは私がそのようなことをほのめかしたことにすら憤慨し、そんなことをすれば死の罰が待っているだけだと弁解するのだった。やれやれ、それではどうしようもない。彼らはノーと言ったわけだ。おそらく他の者たちだったら、もう少しは情けをかけてくれただろうに。こうなると、いよいよもって何があっても希望を捨ててはだめだと自らを励ました。

我々にも新年が訪れた。一九四二年の十二月三十一日、大きな護送車がはからずもゲットーに石炭を運んできた。その日のうちに荷下ろしをして、ナーブット通りの建物の地下に蓄えねばならない。かなりの重労働で、思いのほか時間がかかった。夕方六時までにゲットーに戻ることはできず、ほとんど夜まで仕事に追われた。

我々はいつも三つのグループを組み、ポルナ通りからハルビンスキ通りへと同じ道を歩き、それからゲットーまでジェラズナ通りに沿って行き来していた。ハルビンスキ通りにさしかかった時だった。誰かの取り乱した叫び声が隊列の先頭辺りから聞こえた。我々は立ち止まった。すぐに、何が起きたのか、見えた。単なる偶然なのであろう、泥酔した二人のエスエス隊員に出くわした。その一人がスウィック・スワックだった。酒を飲んでいるときでも片時も手放さない鞭をふるい、襲いかかってきた。三つのグループをそれぞれ順繰りに叩くというやり方で、隊列の先頭から始めていた。それが済むと、舗道から数歩離れて立ち、ピストルを取り出してスウィック・スワックがわめく。「インテリどもは列から離れろ！」

彼らの思惑はおそらく、ここで我々を殺そうというのだ。私はどうすべきか判断しかねた。言うとおりにしないと、よけいに怒らせかねない。彼らは我々を殺す前に隊列から引っぱり出して、自主的に隊列を離れなかった罰としてもう一度殴ることもできるのだ。歴史家で大学講師のザイチク博士は私の隣に立っていたが、同じように震え上がってどうしようかと決めかねていた。けれども、二度目の命令で、我々は共に隊列を離れた。全部で七人。私はスウィック・スワックと顔をつきあわせていることに気づき、彼は今度は私だけに向かって怒鳴った。

「これからきさまに規律を教えてやろう！　何で、あんな仕事に時間がかかったんだ？」彼は私の鼻の下でピストルを振り回した。「きさまらは六時に帰るはずだった。もう十時だぜ！」

いずれにしろ次の瞬間、撃ってくるだろうと思い、黙っていた。彼は虚ろな目で私の顔をまっすぐ見据えると、よろよろと街灯の下まで行って、妙にしっかりした声で思いがけない命令を発した。

「お前ら七人は、直接ゲットーまで行進して戻る責任を果たすべし、行ってよろしい」

我々が進もうとすると、スウィック・スワックは突然また怒鳴った。

「もどって来い！」

今度は、私の前にいたザイチク博士を捕まえた。襟をつかんで、激しく揺すりながら毒づいた。

「どうして殴ったか、わかるか？」

博士は答えなかった。

「ほれ、なぜだかわかるか？」彼は繰り返した。

少し遠くに立っていた我々の仲間が、恐怖をあらわにして、おずおずと尋ねた。「ど、どうしてですか？」

「新年だとな、きさまらに思い出させるためよ！」

我々が隊列を再び整えると、さらに命令の叫び声——「歌え！」

驚いてエスエス隊員のほうに目をやると、またよろめいて、げっぷをしながら宣わった——「なんか愉快な歌を！」

自分のジョークに笑いながら、きびすを返し、道をよろよろと歩いて行った。数歩行って立ち止まり、脅すように大声をあげた——「こらっ！　もっと声を張りあげろ！」

我々は誰が最初に歌い始めたか、どうしてこんな特殊な軍歌なぞを覚えていたのかわからない。みんな一緒になって歌った。つまるところ、何を歌おうが問題ではなかった。

今日に至り、あのような出来事を振り返ってみると、いかに多くの悲劇がおよそ馬鹿げた状況と混ぜこぜになっていたか、実感として思い知らされるものだ。大晦日の夜、どうしようもなく消耗しきったユダヤ人の小グループが、何年にもわたって違反したら死刑だと禁じられてきたポーランドの「さあ、狙撃手たちよ、立て！」という愛国歌を、全く安全にワルシャワの街を歌って歩いた、大声を張りあげて。

12　マジョレク

一九四三年の元日を迎えた。この年には、ルーズベルトがドイツを撃退すべきだという声明を出した。事実、ドイツ軍は前線でもうまくいかなくなっていた。もし、前線が我々の近くであってくれたなら、と思う。スターリングラードにおけるドイツ軍敗北のニュースが届く。きわめて重要なニュースなので、口をつぐまなくてはいけないか、あるいはこの場合ですら、「戦争の勝利への道に対しては何ら重要でない」とするいつもの報道主張で簡単に片づけられるかのどちらかだった。しかし、今度ばかりはドイツ軍もあえて認めなければならなかった。

彼らは三日間、喪に服すことになり、我々はこの数ヵ月で初めて、自由な時間を謳歌した。歓喜で手をもみ合わせるような楽観ムードが現われ、戦争がすぐにでも終わることを確信するまでになる。ところが、悲観主義者たちの考えは違っていた。——戦争は依然としてしばらくつづくだろう。もっとも最終的な結果については露ほどの疑いもないけれど……。

政治レヴェルの歓迎すべきニュースが増えるのと並行して、ゲットーの地下組織もその活動力を増していた。そこには私のグループも加わっていた。毎日、街からジャガイモの入った袋を届けにくるマジョレクは、ジャガイモの下に弾薬を入れて持ち込んだ。我々はみんなで手分けして、それをズボンの両足に隠してゲットーへ持ち帰った。これは危険な仕事で、ある日のこと、すんでのところで悲劇的な最期を迎えるところだった。

マジョレクがいつものように私の倉庫に袋を届けに来た。私は袋を開けて、弾薬を取り出して隠し、その夜、同志たちと分配することになっていた。ところが、マジョレクが袋を下ろし、倉庫を去ると突然、戸がばたんと開けられ、若い親衛隊の下士官が飛び込んできた。彼はあたりを見回して袋を見つけ、近寄った。膝ががくがくした。中身を調べられたら一巻の終わり。真っ先に頭に一発くらうだろう。若い下士官は袋の前に立ち止まり、ひとつを開けようとした。けれども、紐が絡み合っており、なかなかほどけないでいた。彼は苛立って悪態をつき、私を見た。

「これをほどけ！」下士官はぴしゃりと言った。

私は気持ちを鎮めながら、彼のほうに近づいた。うわべは冷静を装いながら、わざとゆっくりほどいた。ドイツ人は腰に手を当てて見守っていた。

「中身は何だ？」

「ジャガイモですよ。あたしらは毎日ここへ持ち帰ることを許されていますんで」

袋がやっと開いた。次の命令がきた――「全部取り出して、見せろ」

私は手を袋に入れた。ジャガイモじゃない！　何ということだ、今日は全部がジャガイモではなく、少量のオートミールと豆を一緒に持ってきていたのだ。それらが上のほうに詰めてあって、ジャガイモが下になっていた。私はかなり長目の黄色い豆をひとつかみ取り出した。

「ジャガイモだって？　へーっ」下士官は皮肉を込めて笑った。

「もっと出してみろ！」

今度はひとつかみのオートミールを出した。騙されたとして、いつなんどきドイツ人が私に殴りかかりかねなかったが、現にそうしてほしかった。そうすれば、袋の中の残りなどに見向きもしなくなるだろうから。けれども、平手打ちすらもこなかった。彼はきびすを返すと立ち去った。と思いきや、すぐにまた戻ってきた。何か新たな悪いことをしたら捕らえてやろうとする勢いで。私は突然の恐怖から気を鎮めようとして立ったままでいた。とにかく、しっかりせねば……。

道を歩き去ってゆく下士官の足音が小さくなって聞こえなくなってから、ようやく私は急いで袋を開け、倉庫の隅に無造作に置かれた石灰の山の下に弾薬を隠した。その夕方、我々はゲットーの壁際に近づいて、いつものように弾丸と手榴弾の新品の包みを壁の向こう側に投げ込んだ。我々はやりおおせたのだ！

一月十四日、金曜日、前線における敗北と、それがポーランド人たちにありありと与えた歓びに対して怒り狂ったドイツ人たちは、またもや人狩りを始める。今度の狩りはワルシャワ全体に広げられた。彼らは、三日間休みなしにこれを続けた。毎日、仕事で往き来する際に、街路で人々が追いかけられ捕らえられるのを幾度となく見かけるようになる。警察の警備隊のトラックが囚人をいっぱいに詰め込んでは目的地に向かい、空車でもどってくるのだった。この先、強制収容所に送り込む者たちの一団をいつでも捕まえ、すぐに事にあたれるように準備しておくというわけだ。多くのアーリア人がゲットーを隠れ家にしていた。この困難な時代には、占領期のもうひとつのパラドックスが生じていたのである。つまり、ダヴィデの星の腕章はかつて最大級の脅迫の象徴だったが、ユダヤ人がもはや追及の対象でなくなった以上、この腕章は夜の間の保護物、一種の保険となった。

しかし、二日後、またまた大きな転機がやってくる。日曜日の朝、建物を出るとき、私は我々のグループの全員が道路に出て来ていないことに気づいた。明らかに欠かせない数人の働き手だけしか集まっていない。〝倉庫の責任者〟として、私もその中にいた。二人の警官に付き添われ、我々はゲットーの門のほうへ行く。いつもはユダヤ人の警官に護衛されていたのに、今日はドイツ人の警官隊だけ。彼らは仕事でゲットーを出る者の証明書を綿密にチェックしていた。

十歳くらいの少年が舗道を走ってやってきた。青白い顔をして怯えきっている少年は、向こうからやってきたドイツ人の警官に帽子を取るのをつい忘れてしまった。ドイツ人は立ち止まると、無言で拳銃を取り出し、少年のこめかみにあてて撃った。少年は腕をひくひくさせながら地上に倒れ、身をこわばらせて死んだ。警官は静かに拳銃をベルトの皮ケースにもどし、去った。私はその警官の顔を見たが、ことさら残忍な表情をしていたわけでもないし、さりとて怒った様子でもなかった。さほど重要ではない日常の業務を行なったにすぎないといわんばかりの表情をしており、他にもっと重要な仕事が待っているので、済んだことは直ちに忘れてしまおうというふうだった。

我々のグループがアーリア人街にさしかかったとき、背後で銃声が聞こえた。他のユダヤ人労働者のグループの中からだ。彼らはゲットー内で取り囲まれ、ドイツ人たちがもたらす恐怖に対し初めて応戦したのだった。

我々は意気消沈して仕事に向かった。今やゲットーで何が起こっているのか、誰もが訝った。ゲットー一掃の新たな段階が始まったことは歴然としている。小さなプロザニスキは私のそばを歩いていたが、部屋に残っている両親を心配して、彼らが移送を免れるべくうまくどこかに隠れてほしいと、案じていた。私の心配といえば、とても特殊な類のものだった。この世で最も大切な万年筆と時計を部屋のテーブルの上に置いてきた。うまく逃げられた暁には、それらを現金に換え、そのお金で数日間暮らし、友人の助けを借りて、どこか安全な隠れ家を見つけられるだろう、そう計画していたのだ。

その夜、我々はゲットーには戻らなかった。とりあえずナーブット通りに宿舎が割りあてられた。ほんの少しあとに、壁の向こう側で何が起こったかがわかった。人々は死の場所に連れて行かれる前に、最後のベストを尽くして防衛したという。彼らはあらかじめ用意した場所に隠れ、女たちは階段に水を撒いて凍らせ、ドイツ人たちが上の階にのぼっていけないようにした。いくつかの建物では、バリケードが築かれただけだったが、住民たちはガス室で倒れるよりも闘って死ぬほうを選び、武器を手にエスエス隊と銃火を交えたのである。

ドイツ軍はユダヤ人の病院から患者たちを下着のまま連れだし、凍てつく寒さの中を無蓋トラックに乗せ、トレブリンカまで連れ去った。しかし、ユダヤ人たちが初めて抵抗を示したために、ドイツ軍の計画では五日間に一万人移送するところを、せいぜい五千人ほどしか連行できなかったという。

五日目の夜、スウィック・スワックから指令が届く――「ゲットーの不労分子の浄化」のための〝行動〟は終わった。ゲットーに戻るべし、と。我々の心臓はどきどきと音を立てた。ゲットーの通りはどこもめちゃくちゃな光景だった。舗道は粉々になったガラスで覆われ、切り裂かれた枕から出た羽毛が溝を塞いでいた。どこもかしこも羽毛だらけで、風が吹くたびに巨大な羽毛の固まりを吹き上げ、地面から空へと逆流する厚ぼったい雪のように空中を舞っていた。

数歩進むごとに殺された人たちの死骸が目に入る。あたりはあまりに静かなので、足音が建物の壁に反響し、さながら山中の岩の多い峡谷を歩いているようだった。我々の部屋には誰も残っていなかったが、さりとて略奪されてもいなかった。輸送するための目印があらゆるものに付けられていて、ちょうどその作業をプロザニスキの両親がしたままになっていた。板ベッドは昨夜寝ていたままの状態。コーヒーの入ったポットが冷たくなったストーブの上に置かれていた。私の万年筆と時計もやはり置いたままの状態でテーブルの上に。

さて、私はエネルギッシュに、しかも迅速に行動しなければならなくなる。おそらく、次の〝再移住作戦〟はすぐにも行なわれそうで、今度こそ私も移住者のリストに入るだろう。マジョレクを通して、私は友人の若い芸術家夫婦に接触を図った。夫のアンジェイ・ボグーツキは俳優、細君は結婚前はヤニナ・ゴドレウスカの名前で歌っていた。

ある日、マジョレクはこの友人が夕方六時、私に会いに来ると伝えてきた。アーリア人の労働者が家に帰る時刻に、私はゲットーを抜け出す機会を捉えた。二人が約束の場所にいた。我々はいくつかの言葉を交わし、私のいっさいの宝物である作品、万年筆、時計を手渡した。これらのものはすでにゲットーから持ち出して、倉庫に隠してあったものだ。エスエスの司令官が建物を検閲に来る土曜日の五時、ボグーツキがまた来てくれることで我々は合意した。かくて、逃走しやすくなるひと騒ぎをあてにするばかりとなった。

今やもう、ゲットー内の雰囲気は緊迫し、不安な状態に陥っていた。悪い予感、虫の知らせというべきか。ユダヤ人の警察長官シェリンスキ大佐が自殺した。彼は何か最悪の知らせを受けとったに違いない。誰よりもドイツ人たちに密着し、たいていの緊急事態に必要不可欠とされた人物ですら、いずれにしろ最後には〝再移住〟を免れえないわけで、死より他に道が見いだせなかったのではなかろうか。

他のユダヤ人たちは、壁の向こうのアーリア人側へ逃れようとして、働きに行くときには毎日のように我々に合流した。しかし、いつもうまくいくとは限らない。至る所にスパイがうようよしていて、逃亡者を待ち構えている。雇われた手先たちもいれば、自ら率先して動く連中が、横町のどこかでじっとユダヤ人をつけ狙っては襲い、身につけている現金や宝石類を出させた後、脅してドイツ軍のいるほうへと追い込む。こうしてかなり頻繁に、彼らが強奪した人々をドイツ軍に引き渡したのである。

約束の土曜日、私は早朝から興奮気味で、ふらふらしていた。うまくいってくれるだろうか？一歩誤れば奈落の底ということはわかっていた。午後、将軍が時間通りに検閲を行なうため、姿を現わした。エスエス隊員たちはめいっぱい任務にかかりっきりになっており、さしあたっては我々に対する注意も疎かになっていた。五時頃、アーリア人の労働者がその日の仕事を終えた。私はコートを着て、この三年間つけていた青い星のついた腕章を初めてはずし、労働者たちと一緒に門を出た。

ボグーツキはヴィスニオワ通りの角に立っていた。ということは、全てはまず計画どおりにいっているというわけだ。友人は私を見ると急いで動き始めた。彼の後ろ数歩のところを、私はコートの襟を立て、暗闇の中で彼を見失わないように歩いた。路上には人影はなく、戦争が始まって強制的に取り付けられた薄暗い街灯がともるだけだ。ひたすら顔を見られないように、街灯の下でドイツ人に出会わないように注意しなければならない。最短の近道を辿り、とても速く歩いたが、それでも道のりは果てしなく思えた。

ようやく、目的地のノワコウスキ通り十番地についた。ここの六階にある、自由に使えるピヨトル・ペルコウスキの音楽スタジオに隠れることになっていた。ペルコウスキはこの時期、ドイツ軍に対抗すべく陰謀を企てていた音楽家たちのリーダーの一人である。我々は階段を一度に三段ずつ急いで駆け上がった。ヤニナ・ゴドレウスカがスタジオで我々を待っていた。神経がぴりぴりし、怖がっているようだった。我々を見て、安堵のため息をついた。

「あー、ご無事でなにより!」

頭を両手でおさえこみ、私に向かってこう付け加えた。

「今日、二月十三日だと知らなかったのよ。アンジェイがあなたを連れに行くまでね。不吉な日だってことを!」

13　隣室での騒ぎと諍い

当分の間居候することになったこの芸術家のスタジオはとても大きく、ガラス窓が天井にはめ込まれ、広々とした部屋だ。部屋の両側には窓のない小部屋があり、ドアで仕切られている。ボグーツキ夫妻が折りたたみベッドを持ってきてくれたので、長い間板ベッドの上で寝てきた身には素晴らしく寝心地良さそうに思えた。ドイツ人たちを見かけないだけでもとても幸せな気分になった。今では、あの連中の金切り声を聞かずにすむし、いつ何時エスエス隊員に殴られたり、殺されかけたりするかというような心配もない。

せめて、この数日間、戦争が終わるまでに私の目の前で起こりそうなことを考えまいとした。無論、生きていればの話だが。ある日、ボグーツカ夫人が持ってきたニュースを聞いて、私はとても楽しくなった。ソ連軍がハリコフを奪還したという。だからといって、私はどうなるのだろうか？　私はこのスタジオには長くいられないことを悟る。ドイツ軍が、住民は正規に登録されているか、そこに住む権利があるかどうかを警察に調べさせる住民調査の実施を通告してきたので、ペルコウスキは数日の間に、正規の入居者を見つけなければならなくなったという。借家人になりそうな人たちがほとんど毎日部屋を見にやってくるので、そのたびに私は小部屋のひとつに隠れ、中からドアをロックしなければならない。

二週間後、次の私の住み家に関してボグーツキは、以前、ポーランド放送局の音楽主任で私の上司だったエドムンド・ルドニツキと約束をとりつけてきた。

ある日の夕方、ルドニツキはゲンブチニスキという名の技師を連れてやってきた。私は同じ建物の一階にあるこの技師夫妻の住居に移ることになる。

その夜、私は七ヵ月ぶりに鍵盤に触れた。愛するものを全て失い、ゲットー一掃を生き延び、壁を壊すのを手伝い、石灰や煉瓦の山を持ち上げては運んだりという七ヵ月。私は、ゲンブチニスカ夫人の説得にしばらくの間抵抗していたのだが、とうとう折れてしまう。けれども、硬直した指は思うように動かず、音は苛立つほどよそよそしく、私の神経に障った。

同じ夜、驚くべきニュースをもう一つ耳にする。ゲンブチニスキが情報通の友人から受けた電話によれば、翌日、ワルシャワ市全般にわたって人狩りが行なわれることになっているという。我々はみな、極度の不安に駆られた。しかし、これは誤った非常警報であることが判明する。当時はこういうことがよく起こったものである。

次の日、かつて放送局で同僚だった指揮者、チェスワフ・レヴィツキがひょっこりやってきた

（彼とはその後、無二の親友となる）。彼はプヴァウスカ通り八十三番地に、自由に使える独身者用の住居を持っていて、彼自身そこに住んでいないので、私を住まわせてくれることになった。

二月二十七日、土曜日の夕方七時、我々はゲンブチニスキの住居を出た。有り難いことに、外は真っ暗だった。ウニイ広場で人力車を拾い、無事プヴァウスカ通りまでたどり着き、階段で誰にも会わないことを祈りながら五階までいっきに駆け上がった。

この独身者用住居は、快適で優雅な間取りになっていて、広間を通り抜けると洗面所があり、広間の反対側には大きな壁に備えつけの食器棚とガス調理器がある。部屋の中には、心地よい寝椅子、洋服ダンス、小さな本棚、そして小さいテーブルと何脚かの座り心地よい椅子が置かれていた。小さな書架は楽譜で一杯、何冊かの学術書もある。私は天国にいるような気分になった。その夜はよく眠れなかった。本物のバネの利いたソファに横たわる快適さを存分に味わいたかったのである。

次の日、レヴィツキは友人――マルシェウスカという医者の奥さん――を連れてやってきて、必要なものを届けてくれた。そして、今後どうやって私に食べ物を届けるか、翌日に迫った住民調査にどのように対処するか、こまごまと話し合った。で、結論は、先の住居でずっと部屋に閉じこもっていたように、私はその日終日、洗面所で過ごし、中から鍵をかけねばならないことになる。ドイツ人たちが調査の最中に踏み込んできても、私が隠れている小さなドアにまで気づくことはなく、せいぜい食器棚の戸がロックされているとしか思わないだろう。

このにわか作戦を私はきっちりと実行した。朝、たくさんの本を抱えて洗面所に入り、夕方まで我慢強く待った。むろん、長時間そうしているのは辛かった。正午を過ぎると、足が伸ばせたらどんなにいいかとひたすら思うようになる。やがて全てが杞憂であることがわかった。レヴィツキ以外誰もやってこなかったのである。

夕方になって、私がどうしているか、レヴィツキは好奇心とともに心配してたずねてきた。ウォツカ、ソーセージ、パンとバターを持参してきたので、我々は王侯貴族のように食事をした。考えてみれば、彼らの住民調査の思いつきは、ワルシャワに隠れているすべてのユダヤ人を、ドイツ軍が一網打尽に追跡できるようにするものだった。ところが、彼らは私を見つけられず、新たな自信がわいてきたように感じられた。

レヴィツキは少し離れたところに住んでいたので、食べ物を持ってくるのは、週に二回でよいというふうにした。彼の次の訪問が待ち遠しく、私は何か他のことに時間を使う必要があった。猛烈に本を読み、医者の奥さんからの助言もあって、美味しい料理を作ることを学んだ。とはいえ、なにごとも音ひとつたてずにやらなければならない。つま先で歩き、ゆっくりした動きで歩き回る。どこにも手足をぶつけてはならない。壁は薄く、どんな不注意な動きでも隣人に伝わりかねない。こちらも隣が何をしているか、手にとるようにわかる。とくに、左隣の住人の様子は、とてもはっきりと。

声から判断すると、左隣の借家人は結婚したばかりの若いカップルで、毎晩お互いに何ともいたいけなペットネーム「キッテン（子ネコちゃん）」と「プピードッグ（ワンちゃん）」で呼び合うことから会話が始められた。けれども、十五分も経つと家庭の平和が乱れ、声がしだいに大きくなっていく。家庭で飼う動物の名が次から次へとあだ名として登場し、しまいには「豚」になってしまうのだった。それから、たぶん仲直りと相成ったのであろう、声はしばしばとぎれ、その後に、〝第三の声〟ともいうべき、〝子ネコちゃん〟が感情を込めて弾くピアノの音が聞こえてきた……。しょっちゅう音をはずす。とはいえ、そのポロンポロンと鳴らされる音はいつも長く続かなかった。音楽はお終いになり、苛立った女の声が再び飛び出す始末。「ああ、結構ですとも、もう弾かないわよ！　ピアノにさわると、いつだって顔をそむけるんだから」

そこで二人はまた動物の王国の中を駆け回り始めるのだった。

もめごとや諍いの中にポツンと置かれた小さな調子の外れた古いピアノ。それに手を触れることができたなら、どんなにか多くのことをしてあげられ、私もどれほど幸せになれることか、二人のやりとりを聞きながら幾度も悲しい思いにとらわれた。

何日かが過ぎた。週二回、決まってマルシェウスカ夫人かレヴィツキのどちらかが私を訪ねてくれて、食べ物と政情に関する最新のニュースを届けてくれた。元気になるようなニュースはあまりない。ソ連軍がハリコフから後退したり、連合軍がアフリカから撤退したことを聞くのは辛かった。動いてはいけないと決められ、一人でそうしていると何日でも憂鬱なことばかり考えてしまう。家族が受けた恐ろしい運命について繰り返し繰り返し考え込み、あげくの果てには自分に対する疑念が増し、ますます気分が萎えていくのだった。いつものように往来の様子を窓から眺め、ドイツ人たちもいつになく静かにしているのを見ると、この状況は終わりそうもないように思われた。そして、自分自身、果たしてどうなっていくのだろう？　何年か無意味に苦しんだあげく、見つけられて殺されるのではないか。望みうる最善のことは、生きてドイツ人の手に落ちるより、自ら命を絶つことだった。

アフリカ戦線で大連合軍の攻勢が始まり、勝利につぐ勝利の栄冠を勝ち取るまで、気分が晴れることはなかった。五月のある暑い日、昼食にスープをこしらえようとしていると、レヴィツキがふいに現われた。五階まで駆け上がってきたので息切れしたのか一息いれ、それでも喘ぎながら持ってきたニュースを口走った。アフリカにおけるドイツ軍とイタリア軍がついに壊滅した、と。

もし、これがもっと早く始まっていたら！　現時点で、アフリカではなく、ヨーロッパで連合軍が勝利を収めていたなら、おそらく私だって多少なりとも心を奮い立たせることができたろうに。ワルシャワ・ゲットーに残された、わずかなユダヤ人の生き残りによって企てられ組織された蜂起にも、ほんのわずかにせよ成功のチャンスがあっただろうに。レヴィツキは、事態がますます良くなるニュースとともに、もうひとつ、同胞たちの悲劇的な行動についての恐ろしい顛末を語ってくれた。一握りのユダヤ人たちがこの最後の絶望的な段階で、ドイツ軍に対してせめてもの積極的な抵抗をしようと決意したという。

私が受け取った地下組織の新聞には、ユダヤ人の蜂起が報道されていた。どこそこの建物での闘い、どこそこの街路での、どこそこの分隊との闘い、そして、ドイツ軍から受けた膨大な被害など。ゲットーの闘いでは、大砲や戦車、そして空軍まで動員されたが、ドイツ軍から見ればはるかに弱い者たちの反乱を鎮圧するのに数週間もかかったことになる。ユダヤ人はみな生きて捕らえられることを潔しとしなかった。ドイツ軍が建物を取り囲むと、中にいる女性たちは子供たちを一番上の階に上げ、バルコニーから地上に向かって子供たちを放り投げ、自らも身を投じた。夕方、寝る時間に窓の外に身を乗り出してみたなら、ワルシャワの北方で燃えあがる火明かりが見えたことだろう。そして、重い煙の固まりが澄んだ星空にたなびくのが……。

六月の初めのある日、レヴィツキが思いがけず、いつもの時間ではなく、昼間にやってきた。今度ばかりはいい知らせではなかった。彼は髭も剃らず、一晩中寝ていないかのように目の周りに隈をつくり、沈痛そのものの表情をしていた。

「服を着ろよ！」彼はささやくように言った。

「どうしたんだ？」

「ゲシュタポが昨夜マルシェウスキ夫妻のところの私の部屋を封鎖したんだ。いつ彼らがここにやってくるかわからない。すぐ出なくちゃいけない」

出るって？　こんな真っ昼間に？　そんなことをしたら、自殺するようなものではないか。

レヴィツキはしだいに苛立ってきた。

「来いよ、来いったら！」と急かされたが、彼の言うとおりにはせず、荷造りもしないで突っ立っていた。彼はなんとか私を勇気づけ、元気づけようとする。

「心配するなって」彼は力強く切り出した。

「みんなわかっていたことなんだ。ここから遠くないところで待っている者がいる。君を安全なところに連れて行くよ」

ここから動くのは気が進まない。どうなる、どうなってしまうんだ。私は考えた。どのみち、レヴィツキは逃げおおせて、ゲシュタポはとうてい彼を見つけられないだろう。最悪の場合があろうとも、街の中をうろつく危険を冒すよりは、ここで最期を迎えたい。私には逃げ出す力も残っていない、それだけだ。ともかく、こんなふうに友人を説得し、我々は抱き合った。確かなことは、互いにこの世ではもう会えないということだ。レヴィツキは部屋から出ていった。

私は、今まで鳥籠のように感じてはいたものの、地上で最も安全な場所と思ってきたこの部屋の中を行ったり来たりした。獣のようにここに捕らえられ、殺戮者がやってきて私を見つけ殺すのは時間の問題だ。奴らは獲物にありつけてさぞかし嬉しがるだろう。私はこれまで煙草を吸わなかったが、この日は死を待ち受けていたせいか、レヴィツキが置き忘れた百本入りの箱を全部吸ってしまった。

けれども、刻一刻と来るはずの死は遅れていた。ゲシュタポが夕方か早朝に来ることはわかっている。私は服も脱がず、明かりもつけずに、外が透かして見えるバルコニーの手摺りを見つめ、道路からの音や階段を上がってくるわずかな音でも聞き逃すまいと耳を澄ましていた。レヴィツキの別れしなの言葉がまだ耳の中で鳴っている。手がドアのノブにかかってから、彼はもう一度振り返って近づいてきて、抱擁しながらこうささやいた――「奴らがやってきて、ここを襲ったら、バルコニーから身を投げろ。奴らに生きたまま捕まりたくないだろう?」さらに、そう決心しやすくするためだろう、「いつも毒を身につけているのさ。俺だって奴らに捕まりたくないからな」と言いそえた。

今となってはもう遅い。通りの往来は全く途絶え、向かい側の建物の窓はひとつずつ暗くなっていく。それでもドイツ人たちはやってこない。私の神経は張りつめ、もはや切れる寸前となる。時々、彼らができるだけ早く来てくれることを願う自分に気づいた。もうこんな苦しみはごめんだ。

その夜、何度か、どう自殺をやりとげるかで、心変わりしていた。バルコニーから飛び降りずに、首を吊ることを突然思いつく。どうしてだかわからないけれども、こうして死ぬほうが簡単で静かなやり方に思えた。明かりをつけずに、首吊りロープになるものを部屋中探し始めた。とうとう本棚の何冊かの本の後ろに十分な長さの頑丈そうなコードを見つけた。本棚の上に掛かっていた絵を下ろし、壁に固定されたフックをチェックして、輪を用意して……待っていた。しかし、ゲシュタポは来ない。

ついに朝になってもやって来なかった。二、三日の間、彼らは建物の近くにさえ寄りつかなかった。やがて、金曜日の朝、ほとんど眠れぬ夜を過ごした後、寝椅子に横たわっていると、通りで銃声がした。急いで窓の外を見た。すると、一列に並んだ警官隊が舗道も含めて道一杯に張り出し、逃げまどう群衆に向かって手当たり次第めちゃめちゃに発砲していた。しばらくすると、何台かのエスエス隊のトラックが到着し、道の大部分が包囲された。私のいる建物の一帯も。一群のゲシュタポ隊員がこのあたりの建物に押し入り、人々を連れだした。私のところにも入ってきた。

今にも、彼らがこの隠れ家を見つけることは疑いようもない。椅子を本棚のほうへ押しやり、絵のフックに届きやすいようにして、首吊りコードを準備してから、ドアのところに行き、耳を澄ました。何階か下のほうの階段でドイツ人たちが叫んでいるのが聞こえた。

三十分後、再び周囲は静かになった。窓から眺めてみると、封鎖はすでに解かれており、エスエス隊のトラックも立ち去っていた。

彼らは来なかった。

14　サウァスの裏切り

レヴィツキが逃亡してから一週間が過ぎた。依然、ゲシュタポはここには来ず、私の神経はしだいに落ち着いた。しかし、別の脅威が私を襲う。食糧が残り少なくなってきたのである。もはや少量の豆とオートミールしか残っていない。食事は一日に二度とし、スープを作る際も豆十粒と匙一杯のオートミールしか使わないことにしたが、この分でいくと食糧はあと数日しかもたなくなる。

ある朝、ゲシュタポの車が私の建物へやってきた。紙片を持った二人のエスエス隊員が車から降り、建物の中に入る。てっきり自分を捜しているのではないかと思い込み、またもや死を覚悟する。しかし、またもや彼らの餌食にはならなかった。

いよいよ食糧はつきた。二日間、水以外、何も摂っていない。二つの選択肢がある。飢えて死を決するか、近くの路上売店にパンを買いに行くリスクを負うか。迷ったあげく、第二の道を選択する。ていねいに髭を剃り、服を着て、朝八時に建物を出、ぶらぶら歩いてみた。私が明らかに〝非アーリア人〟の容貌をしているのに、別段気にとめる者などいない。パンを買って、部屋に戻った。

一九四三年七月十八日のことである。このパン一個で――お金がそれ以上なかった――まる十日間、生き延びた。

七月二十九日の午後の早くに、ドアを軽くノックする音を耳にした。私は答えなかった。しばらくすると、キーが恐る恐る差し込まれ、ドアが開いた。知らない若い男が立っていた。後ろ手に素早くドアを閉め、圧し殺したような声で訊ねた。

「何か怪しいこと、起こってませんか」

「別に……」

すぐさま、男は私を注視した。両目を驚きで一杯にして、私を上から下まで眺めた。

「生きておられましたか！」

私は肩をすくめた。見ればすぐにわかるだろうに。見知らぬ男は微笑みながら改めて自己紹介をした――レヴィツキの弟で、翌日食べ物が届けられることを伝えに来た、と。そして後日、私はどこかよそへ連れていかれることになるだろう。何しろゲシュタポはまだ兄を捜していて、いつここにやってくるかもしれない……そんなことだった。

たしかに翌日、技師ゲンブチニスキは別の男を連れてやってきて、その男を私に紹介した。サウァスという名のラジオ技師で、地下組織では信頼の置ける活動家とのことだった。久しぶりのゲンブチニスキは私を見ると、腕の中に飛び込んできた。というのも、彼は私が飢えで衰弱し、とっくに死んだに違いないと確信していたようなのだ。彼が言うには、同志たちみんなが私の身を案じていたが、この建物が秘密警察によって絶えず見張られていたので近づけなかったのだ、と。そして、秘密警察がいなくなったらすぐに、私の遺骸を処理して、きちんと立派な埋葬をするようにいわれてきたという。

サウァスは今後ずっと私の面倒を見ること、それが我々の地下組織が彼にあてがった任務だった。しかしながら、この男はとても胡散臭い保護者だった。彼は十日ごとに現われ、わずかの量の食べ物を持って来ては、これ以上食糧を買うお金が何としても集められない、と説明した。私は売らずにとっておいたわずかの所持品のいくつかを彼に与えたが、ほとんど毎回、盗まれてしまうという。

そんなこんなで、また二、三日分のわずかな食糧を持っては姿を現わすという調子なのである。時には、それで二週間も持ちこたえなければならない。とうとう飢えのためベッドに臥す状態までになる。ところが、いよいよ死ぬのではないかと思った頃、奇しくもサウァスはわずかな食べ物を持って現われる。そのタイミングたるや、あたかも私を生かせるだけ生かして、かろうじて自己を苛み続けさせる力だけを与えるかのようだ。何ごとも上の空のこの男、たまにやってくると、にっこり笑っては、いつもこう尋ねるのだった――「おや、まだ生きておられましたか?」

そう、私はまだ生きていた。栄養失調と失意が一緒になって、黄疸に罹っていたけれども。サウァスはこれをあまり深刻に考えず、自分の祖父が突然、黄疸に罹ったため女友達に振られてしまったという面白い話をひとしきりしゃべりまくった。サウァスの考えでは、黄疸など何ら取り立てていうほどのことではないわけだ。彼は、慰めに連合軍がシシリー島に上陸したことを話してくれた。その後で、さよならと言って去った。これがこの男との最後の別れとなる。十日たっても、ついに現われなかった。それから十二日間がたち、さらに二週間が過ぎる。

何も食べずにいた。起きあがって水道の蛇口のところへ行く力さえなくなっていた。ここでゲシュタポがやってきたとしても、首を吊ることさえできないだろう。終日まどろんで、目が覚めると飢えからくる耐えがたい差し込みに苦しむだけの日々。すでに顔や腕や足はむくみかけていた。

その頃、思いがけなくもマルシェウスカ夫人がやってきた。彼女とその夫とレヴィツキがワルシャワを去り、身を隠していたことを知る。彼女は、私がすこぶる元気でいるとばかり思い込んでいて、単におしゃべりをしてお茶でも飲もうというくらいに考えて立ち寄ったという。彼女から聞いたところによると、サウァスは私のためと称し、ワルシャワ中でお金を集めていて、命を救うためならと誰も断らないので、彼は相当な額の現金を貯め込んでいただろうということである。あの男は私の友人たちをほとんど毎日のように訪ねて、私が何の不自由もしていないと請け合っていたそうだ。

マルシェウスカ夫人は数日後に再びワルシャワを離れることになっていたが、その前にたくさんの食糧をもってきてくれて、もっと頼りになるお世話をしようと約束してくれた。あいにくそれは、長くは続かなかったけれども。

八月十二日の真昼、私がいつものようにスープを作っていると、何者かが私の部屋に入り込もうとする音がした。友人たちが訪ねてくる際のノックの仕方とは違っていた。それならドイツ人たちか！　ところが、しばらくしてノックの強打とともに女の声がした。一人の女が叫んでいた――「ドアをすぐ開けなさい、さもないと警察を呼ぶわよ！」

どんどんと叩く音はますます執拗になる。紛れもなくこういうことだ――つまり建物の中の誰かしらが、ここに何者かが隠れ潜んでいることに気づいたのだろう。となれば、ユダヤ人を匿っているという非難が及ぶ。そんな危険を避けようとして、正体不明の輩を引き渡すことに決めたのだろう。

私は急いで服を着て、自分の作品とほんのわずかなものとを鞄に詰めた。ドアを叩く音はおさまった。きっと怒る女たちは居住者の沈黙に苛立って脅しの行動に出ようと、早や近くの警察に向かっているかもしれない。私はそっとドアを開け、階段まで忍び出たが、女たちの一人と鉢合わせしてしまった。明らかに、彼女は私を逃がさないようにするために、しっかりそこに立っていた。彼女は私の行く手を遮った。

「あなた、この部屋にいた人ね」彼女はドアを指さした。「登録してないんでしょ！」

私は友人がここに住んでいて、不在で会えなかったのだと答えた。そのような言い訳が通じないのは百も承知。当然、この喧嘩腰の女性には通じない。

「証明書を見せなさいよ！　許可証よ、すぐに！」彼女はいっそう大声で叫んだ。このやりとりに驚いて、この建物の住人たちがあちこちから扉をあけて顔を出した。

私は女を脇へ押しやると、階段を駆け下りた。背後から金切り声が追ってくる――「玄関を閉めて！　その男を出しちゃ駄目よ！」

一階で管理人とすれ違った。有り難いことに、この管理人はさっきの女が階段で何を叫んでいたのか、聞き取れずにいた。私は入口に達し、街路へ走り出た。

私は今度も死を免れたが、まだ死は待っていた。

午後の一時のことである。私は路上に立っていた。髭も剃らず、何ヵ月も髪を切らず、しわくちゃでぼろぼろの出立ちで。セム（ユダヤ）人の風貌をしていなくても、人の注意を惹いたはずだ。私は横町へ曲がり、足早に歩いた。どこへ行こうか？　この辺にいる友人はナーブット通りに住んでいるボルドクだけだ。ところが、あまりにびくついていたので、このあたりの地理をよく知っていたくせに、道に迷ってしまう。ほとんど一時間というもの細い道をさまよい歩き、ようやく目的の場所に着いた。

あの家のドアの向こうにひょっとしたら恰好の隠れ家があるかもしれないと期待をもちつつも、しばらくの間ベルを鳴らそうかどうか決めかねていた。というのも、今の自分の存在がどれほどの危険を友人に与えるか、痛いほどわかっていたからである。私と一緒にいるところを見つかれば、たちどころに射殺されてしまうだろう。けれども、他にとるべき道はない。ドアが開けられるやただちに、長居しないことを確約し、別の隠れ家を探すため何ヵ所か、電話したいだけの由を伝えた。

ところが、この電話はうまくいかなかった。何人かの友人は私を泊めることはできないとの返事。また別の友人たちは、我々の組織がその日、ワルシャワ最大の銀行のひとつを襲うことに成功したため、警察が全市にわたって捜索しており、家から出られないとのこと。こうした事情を察してか、ボルドクとその妻は、自分たちが鍵をあずかっている階下の空き部屋にとりあえず私を泊める決心をしてくれた。翌朝、以前に放送局で同僚だったズビグニエフ・ヤヴォルスキがやってきた。数日間、私を彼のところに匿うつもりという。

かくて、私の身を気づかう親切な人たちの家で、しばらくの間落ち着けることになった！　最初の夜、風呂に入り、美味しい夕食を食べて、強い酒を味わった。アルコールは肝臓には良くないことを知りながら。だが、こうした楽しい雰囲気にもかかわらず、そして何よりも数ヵ月も沈黙を強いられた後の、心づくしの会話を楽しめたにもかかわらず、この善良な友人たちを危険に晒してはいけないと思い、内心、一刻も早くここを出ようと決意していた。けれども、ゾフィア・ヤヴォルスカと彼女の七十歳になる気丈なお母さん、ボブロウニツカ夫人は、必要なだけいて下さいと勧めてくれた。

その間、新たな隠れ家を見つけようとする試みはとことん挫折していた。あらゆる方面からの拒絶にあう。みな、ユダヤ人を家に入れることを極度に恐れていたのである。なんといっても、死という罰は、罪にはつきものであるということなのだ。これまでにないほど気が滅入っていたら、最後にまた僥倖がやってきた。今度は、ヤヴォルスカ夫人の義理の姉妹、ヘレーナ・レヴィツカに姿を変えて。

我々は互いに以前から名前は知っていたが、彼女と会うのは初めてである。ヘレーナは私が経験してきたことを聞くに及んで、たちどころに私を受け入れてくれることにいともたやすく応じてくれた。彼女自身の人生だって容易なものではなく、友人たちや親戚の人たちの運命を悲しまずにはいられないというのに、私が置かれている苦境に涙してくれた。

八月二十一日、ヤヴォルスキ夫妻と最後の夜を過ごした後、ゲシュタポが近くを歩き回り、あらゆる人を心配と不安の淵に追い込んでいる間に、私はニエポドレグウォスチ大通りにある広いアパートに移った。ここは、ポーランド人の蜂起とワルシャワの完全破壊が行なわれる前の、最後の隠れ家となる。

ここは、五階にある広々とした独身用の住居で、外の階段から直接出入りできるようになっている。電灯とガスはあるが、水道はない。水は下に降りて共同の水場から汲んでこなければならない。洗面所も共同で、そこにある。隣人たちは知的で、プウァウスカ通りの住人たちよりハイクラスに属していた。すぐ隣は活発な地下活動をしている夫婦で、しょっちゅう出払っており、家で寝ることはない。物騒な隣人の存在を知り、私にも危険が及ぶのではないかと危惧したが、恐怖心のために人を引き渡そうとするような、支配者に忠実で生半可な教えを受けたポーランド人よりはよほどましだった。

近くにある他の建物は主としてドイツ軍によって占められ、いろいろな部署の軍の要人たちが入居していた。私の部屋の窓から眺められる向かい側には、いくつかの倉庫とともに、未完成の大きな病院が建っている。そこでは毎日、ボルシェヴィキの捕虜たちが梱包した重い箱を運搬して出たり入ったりするのが見えた。今度の隠れ家はワルシャワで最もドイツ人が多い地域で、いわばライオンの檻の中に入れられたようなものだが、実際にはそう悪くはなく、一応は安全な場所のような気がした。

健康さえ急速に悪化していかなければ、この隠れ家でとても幸せな気分になれただろう。けれども、私の肝臓はぬきさしならぬ状態になっていて、十二月の初めにはとうとう、苦痛のあまり大声を出してしまいそうなくらいに悪化する。苦しみは一晩中続いた。ヘレーナ・レヴィツカが呼んでくれた医者から急性胆囊炎と診断されて、厳しい食事制限を言い渡される。有り難いことに、このたびはサウァスのような輩の世話にならなくて済む。自己犠牲の精神にあふれたヘレーナに面倒を見てもらえるのだ。彼女の助けで、私はしだいに健康を取りもどすことになる。

そして一九四四年を迎えた。

私は規則正しい生活をしようとできるだけのことをした。朝の九時から十一時まで英語の勉強、十一時から一時までは本を読んで、その後昼食をとり、三時から七時までは、また英語の勉強と読書。

その間、ドイツ軍は敗北につぐ敗北を続けていた。逆襲の話は長らく途絶えていた。彼らはあらゆる前線から〝戦略的後退〟を行ない、新聞にはみごとに粉飾がほどこされて、前線をドイツ軍に有利に切りつめて運ぶため重要でない地域は譲る、というふうに書かれていた。だが、前線での敗北にもかかわらず、ドイツ軍が占領した国々にまき散らした恐怖は増大するばかりだった。

ワルシャワの街路では、秋から公開の処刑が始まり、ほとんど日常茶飯事と化していた。これまでのようになにごとをするにも例の組織的なやり方で、ドイツ軍はまだ、すでに〝浄化した〟はずのゲットーの壁を壊す余裕を持っていた。次々に建物や道路を破壊しては、狭軌の鉄道で瓦礫を街から運び出した。ユダヤ人の蜂起によってその栄誉を汚され続けた〝世界の覇者〟は、石の建物をひとつも残さないことに決めたのだった。

一九四四年の初頭、全く予期しない出来事によって私の単調な日々はかき乱される。

ある日のこと、何者かがドアを破って部屋に入ろうとした。長時間その作業に取りかかり、ゆっくりと、しかも、確信があるかのように、間に休みを取りながらやっていたのである。最初は、これが何なのかはっきりしなかった。いろいろ考えてすぐ、泥棒のしわざであることに気づいた。

ところが、これがひとつの問題を投げかけるのである。法律上、我々は両方とも罪人だ。私はユダヤ人であるというひとえに生物学上の事実から、他方、その何者かは泥棒として。だから、彼がまた侵入しようとしたら、警察の名を出して脅かすべきだろうか？　それとも、彼が同じ脅しをかけてくる可能性のほうがもっと大きくはないだろうか？　結局、泥棒は侵入してこなかった。この建物の住人が追っ払ったのである。

一九四四年六月六日の午後、ヘレーナ・レヴィツカが来てくれて、にこにこしながらアメリカ軍とイギリス軍がノルマンディーに上陸したニュースを持ってきた。連合軍はドイツ軍の抵抗を打ち破り、進軍中であるとのこと。めざましいグッド・ニュースがごっそりとやってきていた。フランスは奪還され、イタリアは降伏し、赤軍はポーランド国境に迫り、ルブリンは解放された……。

ソヴィエト空軍によるワルシャワ空襲が頻繁になる。窓から花火の饗宴が眺められた。東のほうに雷鳴のような音がとどろき、初めはかすかに聞こえる程度だったが、しだいに大きくなっていった。ソヴィエト軍の砲声だ。ドイツ軍は、向かい側にある建設中の病院の収容物を取りまとめて、ワルシャワを撤退しようとしていた。こうした状況を私は希望をもって見守り、生き抜いて自由になろうという気持ちが改めてふつふつと湧いてきたものである。

七月二十九日、レヴィツキが飛び込んできて、ワルシャワ蜂起が今にも始まりそうなことを伝えた。我々の組織は、退却しながら士気を失ったドイツ軍から慌ただしく武器を買いあさっていた。自動小銃の売買は、ファウァト通りの家で世話になった恩人ズビグニエフ・ヤヴォルスキに委されていた。不運なことに、彼はドイツ人よりも質《たち》の悪いウクライナ人に出会ってしまう。武器の手渡しという口実のもとに、彼らはヤヴォルスキを農業大学の中庭に誘い出し、そこで射殺した。

八月一日、午後四時にヘレーナ・レヴィツカがつかの間の時だけやってきた。彼女は一時間以内に蜂起が始まると言って、私を地下室に連れていこうとした。これまで幾度も自分自身を救うことになった我が本能のままに、私は今いるところにとどまろうと決意する。私の庇護者は、私を自分の息子ででもあるかのように、目に涙をためて去っていった。

魅力的な声でこう言い残して――「またお会いできるでしょうか、ウワディック」

15　燃えさかる建物の中で

蜂起は午後五時に開始される、あとほんの数分で、とヘレーナ・レヴィツカは言い残していったが、私にはそれがにわかには信じられなかった。占領された数年間というもの、政治上のさまざまな風聞が街を駆けめぐり、決して起こりえないことまでも告げられたりしたからである。ドイツ軍のワルシャワ撤退といっても、私が窓から自分の目で確かめられたことといえば、荷を山と積んだトラックや自家用車がパニックに駆られ、西方へとすっとばしていく有様くらいだが、それもここ二、三日というもの落ち着いていた。数日前の夜にはあれほど接近していたソヴィエト軍の砲兵隊の雷鳴も、今や明らかに市から遠ざかり、しだいに弱くなっていた。

窓際にたたずむ。街の通りは平静としている。歩行者の往来にしても普段通りか、いつもより も少な目かもしれない。もともとニエポドレグウォスチ大通りのこの辺りは、そんなに賑わう所ではない。

　やがて、工科大学のほうから路面電車がやってきて、停留所に着いた。ほとんど乗客はいない。数人の女性と歩行杖を持った老人に続いて、三人の若者が新聞紙に包んだ長い荷物を持って降りてきた。若者たちが一両目の車両のそばで立ち止まった。その中の一人が時計を見て、辺りを一瞥し、突然路上に跪き、肩に担いだ包みを取り出した。ものすごい勢いでガタガタガタという連続音が聞こえた。包みの端で新聞紙が燃えだし、マシンガンが現われた。同時に、他の二人が興奮気味に武器を担いだ。

　若い男の発砲は近くへの合図のようだった。まもなく、至る所で銃撃が始まり、すぐ近くで爆発音が止むと、街の中心部のほうから銃撃音が聞こえてきた。それらは途絶えることなく次々と起こり、その響きたるや巨大な湯沸かし器の中で煮えたぎる湯の音のようだった。いっしょに下車した老齢の紳士だけが、こんな状態になってもまだ杖の助けを借り、ぶざまな格好で急いでいたが、見るからに息を切らせていた。走ろうにも走れない。やっとのことで建物の入り口に達し、その中へ消えた。

　部屋のドアのところへ行って木の部分に耳をあててみる。どうやら踊り場と階段で何か混乱が生じているようだ。戸という戸がばたんと開き、またばたんと閉まって、人々があちこちに向かって走り回っていた。女が叫んだ。「ああ、イエス様！　マリア様！」

　別の女が階段のほうに呼びかける。「気をつけるのよ、イェッジー！」

　下の階に駆けおりた者からの返事――「うん、わかったよ！」

女たちは泣いていた。一人は自分を抑えることができず、興奮して泣きじゃくっていた。低音の声が小さく彼女を鎮めようとしていた。

「長くはかからんよ。結局、誰だって、こうなることを待っていたんだ」

今度ばかりは、ヘレーナ・レヴィツカの予言が当たった。蜂起が始まった。ソファに横たわり、次にどうすべきかを考えた。

レヴィツカ夫人が去るとき、彼女はいつものように住居の鍵と南京錠で私を部屋に閉じこめた。私は窓際にもどった。ドイツ軍の集団が建物の入口に立っている。これに加わるべく、モコトウスキ競技場の方角から別の一群もやってきていた。自動小銃で武装し、ヘルメットをつけ、ベルトには手榴弾を差している。

私がいる建物近くの路上では、まだ戦闘は行なわれていなかった。ドイツ軍は時たま銃撃したが、せいぜい窓に向かってだけで、外を眺める人々を発砲して追っ払うにとどまっていた。むろん、窓から応戦の銃撃はない。ドイツ軍が〝八月六日通り〟の角まで行ったとき初めて、工科大学の方向からとその反対側からとの間で撃ち合いが始まった。反対側というのは、「濾過池」、つまり市の給水所のあるところ。おそらく私は建物の裏側から給水所のほうへ真っ直ぐぬけ、街の中心部へと進んで行けたのだろうけれど、私には武器はないし、どのみち閉じこめられている身であった。ドアを叩いたところで、自分たちのことで手いっぱいの隣人たちが気にとめてくれるはずもない。かりに、だれかが気づいてくれたとしても、この部屋に私が隠れていることを知るヘレーナ・レヴィツカの友人のもとへ降りていってくれるように頼まなくてはならない。ヘレーナは、最悪の事態のことを考えて、ドアのロックをはずし、私が脱出できるように、その友人に鍵をあずけていた。とりあえず、朝まで待つことにするとともに、その間に起こることを想定して、いろいろと考えをめぐらした。

これまでに相当な数の撃ち合いがあった。手榴弾の大きな爆発音とともに、ライフル銃が火を吹く。大砲が持ち込まれていたら、おそらく炸裂する砲弾の音がいっそうけたたましく聞こえたことだろう。夕方、暗くなってから火が勢いづき始めた。その炎の照り返しは、まだちらほらという感じだが、空のあちこちに見える。明るく燃え上がっては、しばらくして消える。しだいに銃撃も収まってきた。こうして忘れたころ、たまに爆発音とマシンガンの音が聞こえるだけになる。建物の階段での動きも止んだ。住人たちは各自、住居の中にバリケードを築き、この蜂起の初日の印象をそれぞれに味わっていた。私が服も脱がぬまま突然眠りに落ちたのは、もう遅い時刻だった。神経をすり減らして、ひたすら深い眠りに落ちた。

朝、突然に目覚めた。とても早い時刻で、ちょうど夜が明けたばかり。馬車がガタゴト走るのが聞こえてきた。窓から覗いてみると、馬車が幌を後ろに降ろし、軽やかな足取りで通り過ぎていく。何ごとも起こらなかったように。ほかには、窓の下の舗道を一組の男女がなぜか手を上げて歩いているだけ。そのときはまだ私のところから、この二人がドイツ兵にホールドアップされているのは見えていなかった。突如、二人が前方に跳ぶように走り出した。その瞬間、一斉射撃が起こる。女が叫ぶ。「左よ、左へ曲がるのよ！」

男は横に曲がり、見えなくなった。女のほうは銃撃の瞬間、腹を抱え、両足をたたんだ格好のまま、さながら穀物袋のごとく、ゆっくりと地面に倒れた。彼女の右の頰がアスファルト道路に無残にうちつけられ、そのまま倒れるというか膝の上に沈むというような、いわば複雑なアクロバットを見ているかのように……私の目にはそのように見えた。

日差しが強まるにつれて、銃撃戦も勢いを増した。太陽がこの季節の澄み切った空に昇る。すると、ワルシャワ全市にライフル銃の音が再びこだまし、それに重火器の音がいっそう頻繁に混じり始める。

昼頃、レヴィツカ夫人の友人が食べ物とニュースを持って上がってきた。この辺りに関する限り、よい知らせは何もない。というのも、彼女が言うには――この周辺はおおむね最初からドイツ軍の手中にあり、蜂起が始まってからようやく、レジスタンス組織の若者たちが市の中心へとつき進めるようになったばかりである。今となっては、あえて家の外へ出られる見込みさえつかない、だから我々は分遣隊が救助に来るまで待たねばならない、と。

「でも、何とか、かわせるかもしれない」と私は言い張った。

彼女は、気の毒そうな眼差しを私に投げかけた。

「お聞きなさい、あなた、一年半も外へ出たことがないのよ！　それこそ半分も行かないうちに足がいうことをきかなくなるわよ」

私の手を取って、頭を横に振りながら、なだめるように付け加えた。「ここにいるほうがいいのよ。とにかく様子を見ましょうよ」

レヴィツカ夫人の友人という人は何事においても元気を失わない人だ。私を階段の窓まで連れていってくれた。その窓からは私の部屋の向こう側にある建物の側面が見渡せる。スタシック団地の平屋建ての複合住宅は給水所のところまで炎が迫っていた。梁がミシミシ燃える音、天井が落ちる音、人の泣き叫ぶ声、そして、銃声が聞こえてきた。赤色がまじった煙の幕が空を覆う。風が吹き、その煙が一時とぎれると、その間から、はるか地平線に赤と白の旗が見えた。

何日間かが過ぎた。街の中心部からは何の援助もない。何年にもわたって、そう、私がどこで生きているかを知る友人グループ以外、誰からも身を隠してきたのだ。同じ棟にいる人たちに私の存在を知らせ、包囲された住居で彼らと共同生活をするというような気にはどうしてもなれない。よしんば彼らが私のことを知ったとして、感情を害するのがオチだろう。他のことをうまくさばいたとしても、ドイツ軍に〝非アーリア人〟を匿っていることがばれたら、それこそ倍する厳しい罰を受けることになるだろう。私は階段での会話をドア越しに盗み聞きながら、このままじっとして閉じこもろうと決心した。

入ってくるニュースはいっこうに良くならない。街の中心部では、激しい戦闘が続けられ、ワルシャワの外部からは援助が全く来ない状態だ。ドイツ軍のテロ活動は我々がいるほうにも広がりつつあった。ランギエヴィッツ通りでは、ウクライナ軍が建物の中にいる住民を焼き殺したり、別の棟の住民を射殺したりした。有名な俳優、マリウス・ムシンスキがこの地域のすぐ近くで殺された。

階下に住むレヴィツカ夫人の友人が私のところに来なくなった。おそらく誰か身内に不幸でも起こり、私の存在など気にとめるいとまもなくなってしまったのだろう。すでに食糧はつきていた。残るところ、数枚の硬焼きビスケットがあるのみ。

八月十一日、ぴりぴりした緊張感がこの建物の中にただよっているのを感じた。とはいえ、ドアのそばで聞き耳を立てても、何が起こっているのか皆目見当もつかない。住人たちはみな階下のフロアに集まり、声高に話していたようだが、やがてそれもぴたりと止んだ。

あるとき、周囲の建物から何人かのグループが抜け出して、そっと我々の建物のほうへ向かってくるのが窓から見えた。彼らはその後も何べんかやってきた。それとともに夕方になると、階下の住人たちが階上へ駆け上がってくる。何人かは私の階にも。ここの住人がさも恐ろしそうに囁いているところからして、この建物の中にウクライナ兵がいることがわかった。とはいえ、我々を殺しに来たのではなかった。その連中は、しばし地下室の中で忙しくしたあげく、そこに蓄えられていた食糧を盗んでいたのだ。

その夜、私の部屋のドアのロックと南京錠がはずれる音がした。誰かがドアの鍵を開け、南京錠をはずした。しかし、中には入ってこなかった。誰であるにしろ、侵入しようとしたが結局入らず、さっさと階段を下りていった。どういうことなのか？　その日、街路一面、チラシで埋まっていた。誰かがまき散らしたのだ。しかし、いったい誰が？

翌十二日の昼頃、階段のところでまたパニックが起こる。何かで取り乱した人たちが右往左往していた。会話の断片からすると、建物がドイツ軍に包囲され、砲撃によって破壊されようとしている、ただちに避難しなければならない、という。それを聞いて、私は反射的に服を着ようとしたが、すぐに思い直した。もし易々と殺されたくなければ、エスエス隊員が見ている真っ只中に路上へ出ていくなどすまい、と。

街路から銃声がして、鋭い声が不白然に甲高い呼びかけの調子となった。

「みなさん、どうか出て下さい！　ただちに部屋から出て下さい！」

階段のほうをうかがった。静まりかえっていて誰もいない。私は階段を半分ほど下りて、センジオウスカ通りが見渡せる窓際のところまで行った。

一台の戦車がこの建物の私がいるフロアのほうに狙いをつけている。直後、噴火とともに砲台がぐいと後退した。唸るような音が聞こえたと思う瞬間、近くの壁が崩れ落ちた。階下では袖をまくり上げ、ブリキの缶を持った兵隊たちが駆け回っていた。黒煙の雲が建物の外壁を伝わりはじめ、煙は私のいる五階にまで階段をじわじわと立ち昇ってきた。

数人のエスエス隊員たちが建物に入り、階段を全速力で駆け上がってきた。私は部屋に閉じこもり、肝臓が悪くなったときに飲む強い睡眠薬の入った小さな筒を振って中身を手のひらに出し、阿片の小瓶を手元に置いた。ドイツ兵がドアを開けたらすぐに、この錠剤と阿片を飲み込もうと構えた。

しかし、そのすぐ後で、どうしたわけか、今や起こりつつあることを理性で判断できなくなり、いわば本能にひっぱられるように計画を変えることに。で、私は部屋を出て、踊り場から屋根裏に通じる梯子のほうへと急いだ。梯子を登り、それを押しやって屋根裏の上げ蓋を閉じた。その間、ドイツ軍はすでに四階まで上がってきていて各部屋のドアをライフルの台尻で叩いていた。一人は五階に達し、私の部屋に入った。けれども、彼の同僚たちはもはやこの建物にとどまることは危険だと考え、私の部屋に押し入った兵士に声をかけた。「急げ、フィシュケ!」

階下を蹂躙した者たちは去った。私は、下の階から通気口を伝って立ち昇る煙に窒息しそうになりながら、屋根裏から這い出て、自分の部屋に戻った。一階の住居だけが一種のみせしめとして火をつけられたわけだ。ここの住人たちは書類をチェックされたあと、すぐにもどって来るだろう、そういうふうに私は勝手に思い込んでいた。私は本を取り出すと、ソファにくつろいで読み始めたが、一語も頭に入ってこない。本を置いて目をつぶり、近くで人の声がするのを待つことにした。

暗くなるまで、再度踊り場まで出ていってみようとする決心がつかないでいた。部屋には相変らず煙とその悪臭がたちこめていた。外から窓を通して真っ赤な火明かりが差し込んでくる。階段の煙がひどくなって手摺りが見えなくなる。火が盛んになるにつれ、下の階から上がってくるパチパチという木の裂ける音や、家財道具が倒れる音が聞こえてくる。もう階段は使えないだろう。

窓から外を眺めると、この建物はエスエス隊の非常線によって遠巻きに包囲されていた。どこにも住民の姿はない。明らかに建物全体が燃えていて、ドイツ軍はひたすらこの火が屋根にまで達するのをじっと待っていた。

とうとう死ぬということか。五年間も待ち受け、来る日も来る日も逃れてきた死がついに私を捕らえようとしている。しょっちゅう死を想像してきたものだ。捕らえられ虐待され、その後、射殺されるか、さもなくばガス室で窒息させられるか……。ところが、まさか生きながら焼かれるなどとは思いもよらなかった。

運命のいたずらを笑わなくてはいけない。もはや、事の成り行きを変えることはできない。そう確信して、今、私は完全に落ち着いていた。部屋の周りに視線を動かす。煙がひどくなって、部屋の輪郭がはっきりしなくなり、夕闇も深くなるにつれ、どこか奇妙で薄気味悪いものに見えてきた。呼吸するのがますます困難になる。眩暈がして、頭の中でラッシュのざわめきのような音がしてきた——一酸化炭素中毒の最初の兆候か。

再度、ソファに横たわった。眠り薬を飲んで避けようとしたのに、どうして生きながら焼かれるのか？　両親、姉、弟がトレブリンカでガスによって死んだのに較べたら、何と気楽な死に方か——しかし、果たしてそういえるのだろうか。この世の別れ際に、家族のことだけを考えようとした。

睡眠薬の小さな筒を取り出し、錠剤を口に入れ飲み込んだ。完璧に確実に、死へと至るために、阿片も飲まねば……。けれども、そんな余裕はなかった。睡眠薬が空腹で飢えている胃袋にてきめんに効いた。

私は眠りに落ちた。

16　ある都市の死

私は死ななかった。明らかに言えることは、つまるところ薬が充分に効かなかったのである。朝七時に目が覚め、吐き気がした。耳鳴りがし、こめかみがズキンズキンと脈打って痛みがましていた。目が眼窩から飛び出したかのように、腕と脚には感覚がない。喉にはむずむずする感じがあって、そのせいで目が覚めたのだった。喉の上を蝿が這っていたが、蝿も私と同じように昨夜の出来事で鈍くなっていて、半死の状態だ。手を動かしてその蝿を追い払うためには、神経を集中し全身の力を奮い立たさなければならない。

最初に湧いてきた感情は死ねなかったという失望ではなく、生きていたことがわかった歓びである。どんな犠牲を払っても失せることのない、果てしなき動物的な生への欲望だった。燃えさかる建物の中で一晩生き延びたのだ。現在の関心事は何とか自分を救うことしかない。

感覚をもう少し取りもどそうと、しばらくじっとしたままでいた。それから、ソファを滑り降り、ドアまで這って行く。部屋の中はまだ煙が充満しており、ドアの取っ手を触ると、熱くてとても握れない。次にやるべきことは、苦痛を克服してドアを開けることだ。予想どおり、階段は部屋の中ほど煙ってはいなかった。踊り場の窓の黒こげになった開口部から煙が通り抜けたからだ。階段が見える。なんとか降りていけそうだ。

この苦境をなんとかしようという意志の力を奮い起こし、渾身の力を込めて立ち上がり、手摺りをしっかりとつかんで階下へ降り始めた。低いほうの階の床は焼け落ちており、火はすでに消えていた。ドアの枠はまだ燃えているところもあり、遠くの部屋を見ると、そこの空気が熱で揺れていた。家具や日用品の残骸が床の上で燻っていて、家具が置かれていた場所には炎が消えた後に残った白い灰が積み重なっている。

二階まで降りると、階段の上に男の焼死体があった。衣服は炭化し、死体は茶色になって恐ろしく膨れあがっている。前に進むには、どうにかしてその死体をまたがなければならない。足をじりじりと進めながら、死体をまたぐ際には足をうまい具合に高くあげられると思っていた。ところが、やってみると、足が死体の腹部に接触し、結局つまずいてバランスが崩れ、黒こげの死体もろとも残りの階段を転げ落ちた。運よく、死体は私の背後に続く恰好になったので、再び起き上がり、なんとか一階までたどりつくことができたのである。

蔦で覆われた小さな壁に囲まれた中庭へ出る。この壁に向かって這って行き、角の窪みに隠れた。燃えさかる建物からわずか二メートルしか離れていなかったが、蔦の巻き髭と、建物と壁との間に生えているトマトの葉や茎とで、ここにいることが誰にも気づかれないようカムフラージュした。

射撃は依然として止まない。弾丸が頭上を飛ぶ。壁のすぐ反対側でドイツ人の声がする。道の脇の舗道を歩いている男の声だ。夕方近く、炎上する建物の壁に裂け目が現われる。あれが崩れ落ちようものなら、ひとたまりもない。そんな恐れをもちつつも、ひたすら暗くなるまで動き出さずに待った。昨夜の中毒状態からもう少し回復するまで、と思ったのである。暗闇の中、階段のほうへ戻ってみたが、あえて階上へ行こうとはしなかった。住居の内部は、朝から相変わらず燃えつづけ、火はいずれ私のいた階まで達しそうだった。私は懸命に考えぬき、別の計画を編み出した。国防軍が備品を保管する建設中の巨大な病院、そういえばよく見慣れていたニエポドレグウォスチ大通りの向こう側に建つあの建物に行ってみようと思ったのだ。

これまでいた建物の別の入口を通って道路へ出る。夕方なのに、まだ完全に暗くなってはいない。道はあたり一面、死体でうずまっていた。そこには、蜂起の二日目に殺された女性の死体もまだあった。

私は腹這いになり、病院を目指して這い始めた。そうこうしている間にも、ドイツ人たちは一人あるいは数人というふうに、ひっきりなしに通りかかる。一人でも近寄ってきたと思いきや、動くのを止め、死体を装う。腐敗臭が死体から立ち昇り、空中の火の臭いと入り交じる。もう必死に素早く這おうとするのだけれども、この道幅は際限なくあるように思われ、ここを横切るには正直、永遠の時間がかかりそうに思えた。やっとのことで、病院の建物にたどりつく。入口とおぼしきところへとよろよろ歩いて行き、床のうえに倒れこむや、すぐ眠り込んだ。

翌朝、この建物内を探検しようと思い立つ。大いにびっくりさせられたことだが、ここにはソファやらマットレスやら、ポットにフライパン、それに陶器などの日用品がたくさんあった。きっとドイツ人たちはこれらを使うためにここへしばしば立ち寄るらしい。一方、食べ物は全くない。少し離れた隅に、古い鉄製品とか水道管、ストーブが乱雑に置かれた物置を見つけた。そこに横たわって二日ほど過ごすことにした。

ポケット・カレンダーによると、今日は八月十五日――もっとあとになってからのことだけれども、このカレンダーに注意深く一日一日線を引いては月日を確かめたものである。とにもかくにも空腹は耐えがたく、もうどうなってしまおうとかまわない、なんとしてでも何か食べ物を探しに行こうと決心した。しかし、それも虚しく終わる。

ある日、板でふさいだ窓の敷居によじ登り、小さな裂け目から道路を観察してみた。路上の死体には蝿がたかっていた。そう遠くないフィルトロワ通りの角に、まだ追い立てをくっていない家族の住宅があり、そこの住人がテラスに座ってお茶を飲んでいた。ごく通常の暮らしに見えた。

エスエス隊に率いられたウラソフ兵の分遣隊が〝八月六日通り〟からやってきた。彼らは道路に捨て置かれた死体を集めて積み重ね、石油を撒いて火をつけた。

どこからか病院の廊下を通ってこちらへやってくる足音が聞こえる。私は急いで窓の敷居からおり、木製のコンテナのかげに隠れた。一人のエスエス隊員が私のいる部屋に入ってきて、ひとまわり見渡して出ていった。私は廊下のほうへ急ぎ、階段を駆け上がってがらくた置き場に隠れた。すぐ後で、分遣隊全員が病院の建物に入ってきて、全部屋をひとつずつ捜査し始めた。彼らは笑ったり、鼻歌を歌ったり、口笛を吹いたりしていたが、隠れている私を捜し出せないでいた。そこで私は極めて重大な言葉を耳にする――「これでどこも調べ終えたな」

二日後、いよいよ食べ物と水を探しに出掛けた。最後に何か食べたのは……、そういえばそれから五日も過ぎている。建物内には水が出るところはないが、火事に備えてか、バケツが転がっていた。その中に入っている水は虹色の膜で覆われ、死骸化した蝿や小虫や蜘蛛であふれかえっていた。それでも、喉が渇き切っていたこともあり、それを口にふくんでしまう。が、水は悪臭を放っていて、すぐに飲むのをやめざるをえない。むろん、虫の死骸を飲みこむことは避けられなかったが。それから、大工の仕事場でパンの皮を見つけた。これらは埃まみれで黴臭く、しかもネズミの糞に覆われていたけれど、私には宝物同然だ。歯のない大工がいて、パンの皮をむしり取ったために、私の命を救うことになるとは！

八月十九日、ドイツ軍はいつもながらの怒号と発砲を繰り返しながら、フィルトロワ通りの角の住宅から家族を追い出した。とうとう私は市のこの区画におけるたった一人の住民となる。エスエス隊員は私が隠れている建物へいっそう頻繁に入ってくるようになった。こうした状況下でどのくらい生き続けることができようか？　一週間だろうか？　二週間だろうか？　その後は、自殺だけがまたしても逃れる唯一の方法となるが、今では剃刀の刃以外、その手段となるような道具なぞ何もない。血管を切らねばならなくなるのだろうか？　それはともかく、物色していた部屋のひとつで少量の大麦を見つけ、大工の仕事場のストーブの上で調理した。夜、それを加熱し、その後数日間の食糧とした。

八月三十日、道路の向かい側の廃墟になった建物へ戻ろうという気持ちが強まる。もはや燃え尽きたように思われたからだ。午前一時、病院から水差しを持ち出して、道路をこっそり横切った。まずは地下室へ行こうと思ったが、すぐにあきらめた。ドイツ軍が地下室にあるコークスや石炭などの燃料に火をつけたため、まだそれが燻っていたからである。それで私は四階の廃墟に隠れた。ここのバスタブには、あふれんばかりに水が入っている。汚いけれども、水にかわりはない。火は食糧置き場までは回っておらず、ここで一袋の硬焼きビスケットを見つけた。

一週間後、なぜか恐ろしい不吉な予感に襲われ、隠れ場を再び変えるべく、屋根裏というか、むきだしの板の上へと移動した。というのも、屋根の部分は焼け落ちてなくなっていたから。同じ日、ウクライナ兵がまだ損害にあっていない部屋から何か略奪しようと、建物に三度も侵入してきた。彼らが去ってのち、先週ずっと隠れていた部屋へ降りてみる。タイルばりのストーブ以外には火を使うことを控えた。ウクライナ兵たちはストーブのタイルをかたっぱしから粉々にしてしまっていた。おそらく、黄金でも隠されていないかと探しまわったのだろう。

翌朝、ニエポドレグウォスチ大通りが、ずっと向こうまで兵隊たちによって取り囲まれた。包みを背にした人々やしがみつく子供を連れた母親たちなど、沢山の人が、この非常線に車で連れてこられた。エスエス隊員とウクライナ兵は大勢の男たちを非常線の外へ連れ出し、何の理由もなく、みなの前で射殺した。まだゲットーがあった頃、そこで彼らがやったように。果たして、蜂起は我々の敗北に終わったのだろうか？

違っていた。日を追うごとに、また重い砲撃の音が空気をつんざいて、アブが飛ぶような音をたてた。もっと近くの一角にいる私の耳には、さながら古時計を巻き上げるときの音のように聞こえる。そして、市の中心街のほうから一連の大きな爆発音がリズミカルに聞こえてきた。

その後、九月十八日には、空軍の飛行中隊が市の上空を飛び、パラシュートで反乱軍に補給を行なった。パラシュートで降りてきたのが人間なのか、軍事物資なのかはわからなかったが。また、空軍はワルシャワのドイツ軍支配地域を爆撃し、夜までに、市の中心部全域にわたって空中降下を行ない、同時に、東方からの大砲の火の手がしだいに強くなった。

反乱軍の分遣隊がドイツ国防軍に囲まれ街を出て行き始めたのは、十月五日以降のことである。制服を着ている者もいれば、袖に赤と白の腕章をしているだけの者もいた。その姿は、護衛するドイツ人分遣隊とは奇妙な対照を見せていた。ドイツ人たちは非の打ちどころのない軍服姿で、良く肥えていて、自信ありげであり、捕らえたばかりの囚人たちを録画したり写真に撮っては、蜂起の失敗を罵り、あざけっていた。それにひきかえ、反乱者たちといえば、みな痩せていて、汚く、ぼろぼろの身なりの者が多く、衰弱し、やっと立っているような有様だ。とはいえ、彼らはドイツ人たちなど意に介していないふうだった。というより、完全に無視し、自分たちの自由な意志でニエポドレグウォスチ大通りを行進するんだという意気がみなぎっていた。彼らは、歩けない者たちを支えながら、列を乱さないように統制をとり、廃墟のほうには目を向けず、視線を真っ直ぐ前にして行進した。征服者の前で惨めな光景を晒してはいたが、敗北したのは自分たちではないという意気込みが感じられた。

その後、街に残っていた市民の集団移動が八日間を費やして行なわれた。その様相はちょうど殺された人の身体から流れ出す血液を見るようなものだった。初めは勢いよく、そしてだんだんゆっくりと。最後の人々が発ったのは十月十四日。黄昏がおりて、のろまな連中の小集団がエスエス護衛兵に急ぐようにせき立てられて、私が隠れている建物の脇を通り過ぎて行く。火で焼け尽くされた窓にもたれて、重い荷物で前屈みになって急ぐ人たちの姿をぼんやりと眺めていたら、暗闇が彼らをすっぽりと包んでいた。

もう私だけになった。袋の底にあるわずかな硬焼きビスケットとバスタブに入ったいくらかの汚水だけが食糧の全てだ。日が短くなり、秋がやってきて、冬の脅威が近づいてくるというのに。こうした状況の下、あとどのくらい持ちこたえられようか……。

17 リキュールと命の交換

いよいよひとりぼっちとなる。ひとつの都市の、あるひとつの場所の、とあるひとつの建物の中で。ここワルシャワは、ほんの二ヵ月前までは百五十万人の人口を誇り、ヨーロッパ有数の豊かな都市のひとつであった。けれども、私は、この都市《まち》でたった一人になってしまった。今や、焼け落ちた建物の煙突が空に向かって建ち、爆撃で壊された壁があるだけだ。瓦礫と灰にまみれた都市。その下に、人々が幾世紀もかけて培ってきた文化と殺戮された数十万の犠牲者の遺骸が埋まっている。何日か続いた晩秋の暖気で腐敗した死体から、ひどい悪臭が漂う。

ところで、日中のうちだけ人々が廃墟にやってくる。市外から来た下層民が肩にシャベルをかついで、こっそりと歩き回り、略奪品を求めて地下室に群がる。彼らの一人が廃墟になった私の部屋にやってきた。その男はここで私を見つけてはいけないのだ。私の存在を知る者はいないことになっている。彼が階段を上がり、二つ下の階まで来たとき、私は凶暴になって脅した。

「おい！　何しとる！　出ていけ！」

その男は、びっくりして飛び上がったネズミのように逃げ去った。この場所に生かされたままにされた哀れ極まる者から発せられた声。彼は、そのような悪魔の言葉にびくついて、追い払われた、みじめな最後の人となったわけである。

十月の終わり頃、屋根裏から見下ろすと、ドイツ軍がこれらハイエナの一味を捕らえているのが見えた。こそ泥たちはトラブルから逃れようと必死に釈明しようとしていた。西のほうを指しながら「プルシャコフから、プルシャコフから」と何度も繰り返していた。兵隊たちは彼らを四人いっしょにすぐ近くの壁に向かって立たせ、拳銃で撃った。しくしく泣いて懸命に命乞いをする者がいたにもかかわらず。兵隊たちは残った者たちに命じ、ある大邸宅の庭に穴を掘り、死体を埋めて立ち去った。それ以来、泥棒たちすらこの界隈には寄りつかなくなった。まさしく私はここで生きている唯一の人間となる。

十一月が近づくとともに、寒さが忍び寄ってくる。とりわけ、夜はきつかった。

孤独がもとで正気を失わないようにするために、できるだけ規則正しい暮らしを心がけようとした。まだ、時計を持っていた。戦前のオメガで、万年筆とともに私の掌中の珠である。この二つだけが、私の持ち物だ。念入りに時計を巻き続け、これによって時間表を作ったりした。とにかく、残されたわずかな力を維持すべく終日動かずにいる毎日。正午頃、一度だけ手を伸ばしてビスケットを食べ、節約してとっておいた水をカップに少しだけ飲んで、体力をつけた。

朝早くからこの食事を摂るまで、目を閉じて横たわり、私がこれまで弾いてきた全ての作品を一小節ずつ心の中に思い浮かべた。後年、こうしたいわばメンタルな練習法が大変役に立つことがわかった。私が仕事に復帰した際、まるで戦時中ずっと練習してきたかのように、レパートリーとする作品が全て暗譜できていたのである。それから、昼食から夕暮れまでは、私が読んだ全ての本の内容を頭の中で系統的に組み立て直したり、英語の用語をそらで何べんも繰り返した。また、自分で問題を出し、正しくかつ詳しく答えを出すというような英語のレッスン法を考え出したりした。

暗くなると、眠りに就いた。およそ午前一時頃目覚め、マッチの火を頼りに食糧探索に出掛ける。そして、この建物の中で、全焼をまぬがれた部屋から食べ物を調達した。地下室や赤茶けた住居の廃墟から、ここではわずかなオートミール、あそこからは数切れのパンという具合に。湿った小麦粉、たらいやバケツや水差しに入った水なども見つけた。この探索にあたって、階段にころがった黒こげの死体の上を何度通り過ぎたかしれない。じつは、その死体こそ恐れる必要もないたった一人の友なのだ。ある時、地下室で思いもかけない貴重品を見つけた。半リットルのスピリッツである。これは戦争が終わるまでとっておこうと決めた。

日中、床に横たわっていると、ドイツ人かウクライナ人がしょっちゅう獲物探しの目的で建物にやってきた。これらの来訪者は私の神経に別の緊張をもたらすことになる。彼らに見つかって殺されるかもしれないという恐れがはなはだしかったからだ。けれども、彼らは慌ただしく三十回以上もやってきたが、どういうわけか、私のいる屋根裏だけはそのままにして去った。

十一月十五日がきて、初雪が降る。身体を温かくするために集めたぼろにくるまっているというのに、この寒冷な気候はだんだん厄介になってきた。朝目覚めると、ぼろはやわらかい白い雪に厚く覆われている始末。一部破損しているとはいえ、いちおう形をなしている屋根の下の隅に寝床をこしらえたものの、大量の雪があらゆる方向から吹き込んでしまう。

ある日のこと、壊れて落ちた窓ガラスの下に織物を広げ、そうしてできた即席の鏡に自分の姿を映し、チェックした。初めのうち、目の当たりにしたこのおぞましい姿が自分自身だとは信じられなかった。何ヵ月も髪は切っていないし、髭は剃らず、顔も洗っていない。髪はこんもりと縺れ、顔中を黒い顎髭が覆い、重そうにたれていた。髭に覆われていない部分の皮膚は真っ黒で、瞼は赤味を帯び、額にはかさぶた状の吹き出物が出ていた。

しかし、一番辛いのは、前線で、あるいは反乱軍の間で、一体何が起きているか、それがわからないことだ。ワルシャワ蜂起自体は鎮圧されてしまった。このことについて幻想を抱くことはできない。しかし、市の外側、ヴィスワ川の対岸のプラガでは、おそらくまだレジスタンスが続いているのだろう。ときどき大砲の音が聞こえ、しばしば砲弾がすぐ近くの廃墟で爆発し、燃え尽きた建物群のひっそりとした静寂の中に荒々しくこだまする。ポーランドの残りの地域のレジスタンスはどうなっただろうか？　ソヴィエトの軍勢はどこにいるのか？　連合軍の進撃は西部戦線でどう展開しているのか？　私の生死はこれらの問いへの答えにかかっていた。たといドイツ軍がこの隠れ家を見つけなくとも、私の死は間もないことだ。飢えよりも寒さのために。

　鏡に自分を映してみた後で、残り少なくなった水をわずかだけ使って顔を洗うことにし、オートミールの残りを調理するために、ほとんど損傷を受けていない台所のストーブのひとつに点火しようとした。ほとんどここ四ヵ月間というもの、温かいものなど何も食べていないし、寒い晩秋がやってきてなおさら、温かい食べ物に飢えてもいた。顔を洗ったり、何か調理しようとする場合、昼間には隠れ家を出なければならない。階段にさしかかったとき、ドイツ軍の一隊が向かいにある軍の病院の外で、木のフェンスをこしらえているのに気づいた。けれども、温かいオートミールの粥を作ろうと決め込んでいたので、引き返さなかった。今ここで、胃袋を粥で温めなかったら、病に倒れてしまいそうに思われた。

　エスエス隊員が大股で階段を上がってくる音を耳にしたとき、私はすでにストーブの前でせっせと調理に励んでいるところだった。できるだけ素早くそこを飛び出し、屋根裏へと急ぐ。やった！　またまた、ドイツ人たちは辺りを嗅ぎ回っただけで行ってしまった。私は台所へ戻った。火をつけるために、たまたま見つけた錆びたナイフでドアから木片を削り取らなくてはならなくなる。ところが、運悪く右親指の爪の下に長さ一センチの破片が刺さってしまった。破片は深くしっかりと埋まってしまい、容易に取り出せない。こうした小さな事故は致命傷を引き起こしがちだ。消毒薬があるわけでなし、不潔な環境で暮らしてきたから、すぐに敗血症に罹りかねない。楽観的に考えたとしても、敗血症をこうむるのが親指だけにしても、指が変形してしまい、ピアニストとしてやって行くにはリスクが伴うだろう。もっとも、終戦まで生き永らえればの話だが。

とにかく次の日まで様子を見ることにして、必要なら剃刀の刃で爪を切り裂こうと決めた。親指をいまいましげに見つめて立っていると、また音がした。すぐに屋根裏に隠れようとしたけれど、今度は遅かった。鉄のヘルメットを被り、ライフルを持った兵隊と出くわしてしまった。兵士の顔は虚ろで、とても聡明そうには見えない。

この廃墟の中での心細い出会いには、彼のほうも同様にびっくりしたが、相手は即座に威嚇すべく私に銃を構えた。彼は怪しげなポーランド語で、ここで何をしているのかと訊いてきた。私はワルシャワの市外に住んでいるが、物を取りにもどってきたと釈明した。私の様子からして、馬鹿げた言いわけだった。ドイツ人は銃口を私に向け、ついてくるように言った。そうしようと答えたが、私の死はひとえに彼の判断ひとつにかかっている。そこで、ここに居させてくれたら半リットルのスピリッツをあげようと切り出してみた。彼はこの身代金の形が気に入った様子を示し、その酒壜を受け取ったが、また戻って来るとはっきり付け加えた。そうとなれば、もっと強いリキュールを用意しておかなくてはならなくなる。

一人になるとすぐに屋根裏に上がり、梯子を引き上げ、蓋を閉めた。果たして十五分ほどして戻ってきたが、何人かの兵隊とNCOを連れていた。彼らの足音と声がしたので、私は屋根裏の床から急勾配の壊れていない屋根の上に昇った。腹這いになり、樋《とい》に足を踏ん張って横たわる。もし、樋が折れ曲がったり壊れるかしたら、屋根葺きの板のほうに滑って、六階から下の道路に墜落しただろう。しかし、樋はもちこたえてくれて、新たな隠れ家を求めてのこの捨て鉢ともいうべきアイディアは、今一度私の命を救ったのである。ドイツ人たちはテーブルや椅子を積み上げて、建物内を隈なく探し、しまいには屋根裏までやってきたが、屋根の上まで調べようとは思いつかなかったようだ。そこに横たわることは誰の目にも不可能に思われたに違いない。彼らは罵ったり、いろんな名前で私を呼びながら、結局は素手のまま立ち去った。

ドイツ兵たちとのこの出会いに私は心から震撼して、今後は昼間は屋根の上にいて、夜だけ屋根裏に降りようと決めた。金属張りの屋根の上で、腕や脚はこわばった。手足をぴんと張った不安定な姿勢のままでいたので、全身が麻痺していた。とはいえ、これまで随分と耐えてきたので、もう少しだけ苦しむだけの価値はあった。私がここに隠れていることを知ったドイツ人部隊が病院の仕事を終えてこの地区から出て行くには、まだ一週間あったけれども。

今日、エスエスは一般人の服装をした一群の人たちを車で連れてきて病院で働かせた。朝十時近くに、急斜面の屋根に横たわっていると、近くでライフルか自動拳銃の一斉射撃の音が聞こえた。それは小鳥がさえずるような音で、あたかも頭上を雀の一群が飛んでいったかのように、私の周りに弾が落ちてきた。見回すと、向かい側の病院の屋根に二人のドイツ兵が立っていて、私をめがけて撃ってきたのだ。私は屋根裏に滑り降り、屈んで蓋のところへ急いだ。頭上を弾が飛び、「止まれ、止まれ！」と叫ぶ声が追いかけてきた。しかし、私は階段に無事たどりついた。

立ち止まって考える暇もない。この建物の中の最後の隠れ場所が見つかってしまった以上、すぐにここを出ていかなければならない。階段を駆け下りて、センジオウスカ通りへ出て道に沿って走り、スタシック住宅団地の平屋の廃墟に飛び込んだ。

これまでに幾度もあったように、また状況は絶望的になる。あたり一面焼け落ちた建物の間をさまよう。ここにはわずかな水も食べ物も、隠れる場所すらなさそうだ。しかし、しばらくすると、高くそびえる建物が遠くに見えてきた。ニエポドレグウォスチ大通りに面し、背後にセンジオウスカ通りを控えたこの界隈で唯一の高層ビルである。そこを目指して進むことにした。

近づいてよく見ると、建物の中央部は焼け落ちているものの、両翼部はほとんど破損していないことがわかった。住居の中には家具があり、バスタブには蜂起の時からであろう満杯の水が張られ、略奪者たちも食糧置き場にいくらかの食べ物を残していた。

いつもの習慣に従って、私は屋根裏に入った。屋根は砲弾の破片で穴がいくつかあいているものの、ほとんど損傷を受けていない。ここから逃げ出すのは不可能だが、前の隠れ家よりよほど暖かい。屋根から飛び降りたら、逃れることはおろか死は免れないだろう。最上階は中二階になっており、そこには小さなステンドグラスの窓があって、近くを観察することができる。今度の環境は快適だが、ここで心安らぐ感じはしない。多分、前の建物での生活に慣れていたからだろう。いずれにしろ選択の余地はなく、ここにいなければならない。

中二階を降りて、窓の外を眺めた。眼下には数百戸の焼け落ちた平屋の家々があり、今や市の全域は死に果てたようだった。小さな庭には、数え切れないほどの墓の土盛りができていた。

シャベルとつるはしを肩に担いだ市民の労働者の一群が四人ずつ肩を並べてセンジオウスカ通りを下っていた。制服姿のドイツ人は一人もついていない。先刻の逃走でいっそう神経質になり、興奮していた私は突如、人の話が聞いてみたい、それに受け答える自分自身の声を聞きたいという衝動に駆られた。何が起ころうと、あの人たちと言葉を交わしたい。急いで階下に降り、通りに走り出た。私は労働者グループに走り寄り、追いついた。

「君たち、ポーランド人かい？」

彼らは立ち止まり、驚いて私を見た。グループのリーダーが答えた。「そうだ」

「ここで何をしているんだ？」リキュールと交換に見逃してもらった兵隊と交わした二、三の言葉をのぞくと、四ヵ月間というもの全く誰とも口をきいていなかったので、話をするのがとてももどかしい。だから、強く心が動かされた。

「要塞を掘っているのさ。お前のほうこそ、何をしている？」

「隠れてるのさ」

リーダーはこちらを見た。心なしか、哀れんでいるようだ。

「一緒に来いよ」彼は言った。「お前だって働けるし、スープにありつけるぜ」

スープか！　温かい本物のスープがもらえるかもしれないと考えただけで、空きっ腹の胃袋がひどい痙攣を起こし、一瞬、後で殺されてもかまわない、彼についていこうという気持ちになった。スープが欲しい。一度でも食べられれば充分だ！　だが、正常な判断が打ち勝った。

「やめとくよ」私は言った。「ドイツ人のところへは行かない」

リーダーは、半ば冷やかに半ば軽蔑して、にやりと笑った。「じゃ、知らないぜ」彼は不服げにしていた。「ドイツ人だって悪くはないのにな」

そこでやっと、これまで気づかなかったことに思い当たった。他の者は黙りこくって、話したのはリーダーだけだ。彼は袖にカラーの腕章をしており、それにはマークがついていた。男の顔には不快でどこか胡散臭い卑屈な表情が浮かんでいた。そういえば、彼は私の目をまともに見ず、私の右肩越しに、すれちがいざまに話しかけていたのだ。

「いやだ」私は繰り返した。「有り難う、でも、いやだ」

「好きにするがいいさ」彼はうなり声をあげた。

私は振り返り、歩き出した。遠ざかる一行に向かって私は声をかけた——「さよなら」

虫の知らせというか、はたまた何年も隠れ回ってきたことによって研ぎ澄まされた自己防衛本能からというべきか、私は例の建物の屋根裏にすぐにはもどらず、最寄りの平屋に向かった。あたかもそこの地下室が隠れ家であるかのようにみせかけるために。赤茶けた色のドアにたどり着くと、私は辺りを見回した。一行は歩いて行ったが、リーダーひとり、私がどこへ潜んだか、振り向いて見ていた。

彼らが見えなくなってから隠れ家の屋根裏にもどった。なによりもまず窓から外を眺めるために最上階の中二階に降りた。予想的中というべきか、十分もすると、腕章をつけたあの男が二人の警官をつれて戻ってきて、先刻私が入っていった平屋を指さした。彼らはその中を隈なく探し、近くの何軒かの家も調べたが、この建物へは入ってこなかった。察するに、ドイツ兵らはワルシャワ中にまだ潜伏している大きな蜂起グループがやってくるのを恐れていたのだろう。敵よりも圧倒的多数の時にしか勇気を示さない、そんなドイツ人の臆病風のために、戦時中、多くの人が命からがら逃げおおせたわけである。

二日後、私はまた食べ物探しに出掛けた。今度は隠れ家をあまりに頻繁に空けなくて済むように、うまく調達し、蓄えておこうと計画した。夜歩き回るほどには、まだこの建物に詳しくないので、昼の間に探さねばならない。台所を見つけ、食糧庫の中にいくつかの缶詰となにがしかの袋とか箱とかを発見した。それらの中味を注意深くチェックしておかなくてはならない。紐を解いたり、蓋を開けたりし、とにかく物色することにあまりに夢中になっていたので、すぐ後ろから声をかけられるまで何も耳に入らなかった。

「こんなところで、一体何をしている？」

背の高い、品の良いドイツ人将校が胸の上に腕を組み、台所の食器棚に寄りかかっていた。

「ここで何をしているのかね？」彼は繰り返した。

「今、ワルシャワ要塞突撃部隊がこの建物に入ってきているんだが、それを承知の上のことなんだろうね」

18　ノクターン嬰ハ短調

食糧庫の脇の椅子に私はぐったりと座り込んだ。降って湧いたような罠。もはや逃れようにも、とうてい力及ばないことを突然悟る。夢遊病者のごとく、椅子をぎしぎしいわせながら、目前にいるドイツ将校をぼんやり見つめていた。しばらくして、やっとのことで口ごもりながら言った。

「どうぞ、お好きなように。もう動けません」

「君をどうにかしようというつもりはない！」と、将校は肩をすくめた。「何をして暮らしてるんだね？」

「ピアニストです」

そう言うと、彼はまじまじと私を見つめ、疑いの目をあからさまにした。

彼の視線が台所から次の部屋に通ずるドアのほうへ移る。良い考えが浮かんだようだ。

「一緒に来ないか？」

隣のダイニング・ルームとおぼしき部屋を通り、その先の部屋に入った。壁の前にピアノがある。

将校はそれを指さした。

「何か弾いてくれないか」

ピアノの音が近くにいるエスエス隊員の注意を惹くのははっきりとしている。どうしてそんなことも思いつかないのだろうか？　私は物問いたげに彼を見、動かないでいた。私が抱いた危惧を明らかに感じ取ったようだ。すぐにこう付け加えた。「大丈夫だよ、弾いてかまわない。誰か来たら、君は食糧庫に隠れろ。弾いていたのは私だと言うから」

鍵盤に置いた指が震えた。そうだ、今は状況が変わって、ピアノを弾いて命を贖わなければならない！　二年間まるで練習していない。指は垢にまみれ、こわばっている。隠れていた建物が火災を起こした頃から爪も切っていない。おまけに、ピアノは窓ガラスのない部屋に置かれていたため、アクションが湿気で膨張していたせいか、鍵盤を押しても思うように響かない。

私はショパンの嬰ハ短調のノクターンを弾いた。調律していない楽器から発するどんよりした音は、誰もいない部屋や階段に響き渡り、道の向こう側にある平屋の廃墟の中を通り抜け、メランコリックな弱音のエコーとなって還ってきた。弾き終えると、静寂がいっそう暗澹とし、前よりも輪をかけて気味の悪いものとなった。路上のどこかで猫が鳴いている。建物の外、下のほうで銃声が鳴り響き、ドイツ人たちのかしましく、耳障りな騒音が聞こえてきた。

将校は黙ったまま私を見つめていた。しばらくしてから、彼はため息をつくと、つぶやいた。

「とにかく、ここにいちゃだめだ。田舎へ連れ出そう。そうすれば安全だ」

私は首を振った。「ここを離れることはできません」と、はっきり言った。

やっと、私が廃墟の中に隠れている本当の理由がわかったようだ。彼は神経質になりだした。

「君はユダヤ人か?」

「そうです」

将校は胸に腕を組んで立っていた。この紛れもない事実に気づくのに長い熟慮が必要であるかのように、腕組みを解き、ピアノの脇の肘掛け椅子に座った。

「そうか……さて」彼は、自分に納得させるように小声で付け加えた。「それなら、離れられないのはわかる」

しばらくの間、思いに耽っているように見えたが、私のほうを振り返ると、話を変えた。

「どこに隠れていたんだ?」

「屋根裏です」

「どんな具合になっているか、見せてくれるか」

我々は階上へ上がった。彼は注意深く、専門家の目で点検した。そうしながら、彼は今まで私が気づかなかったものを発見する。屋根裏の上にもう一つの小さな空間があった。屋根の谷間に位置し、屋根裏の入口の真上にあって、板で仕切られたいわば収納ロフトのようになっている。

ちらっと見ても、ここは光が届かないので気がつきにくい。将校はここに隠れてはどうかと言って、下の部屋で梯子を探すのを手伝ってくれた。ロフトに上がったあと、梯子も一緒に引き上げねばならないわけである。

この計画を話し合い、実行に移したあと、食べ物はあるかと訊かれた。

「いいえ」と答えた。

要するに、食糧をさがしているときに捕りおさえられたのだから……。

「まあ、心配はいらんよ」

彼は自分がやった奇襲を思い出し、心なしか自分を恥じるかのように慌てて付け加えた。「何か食べ物をもってくる」

ここに至って、私のほうから思い切って尋ねてみないわけにはいかなくなった。単に自分をこれ以上抑えられなかったにすぎないのだが。

「貴方はドイツ人ですか？」

将校は顔を紅潮させた。そして、私の質問を侮辱の証しと受けとめたかのように、ほとんど叫ばんばかりに答えた。

「そうだ、その通りだ！　恥ずかしいことだ。こんなことばかりが起こってはな」

不意に、私の手を握ると、さっさと部屋を出て行った。

三日経ち、将校はまた現われた。夕闇が迫る頃、私が隠れているロフトの下からささやく声。

「きみ、いるか？」

「はい、ここに」

すると、何か重たいものが私の脇にどすんと置かれた。包み紙を通して何個かのパンと柔らかいものを手で感じる。それは油紙に包まれたジャムだ。私はすばやく包みを脇に置くと、言った。

「ちょっと待って下さい！」

暗闇の中の声はいらいらしているようだ。

「何だ、急いでくれ。ここに入るのを護衛兵に見られた。長くはいられない」

「ソ連軍はどこに？」

「もうワルシャワに入っている。ヴィスワ川の向こう岸、プラガまで来ているぞ。あと数週間、頑張れ！　戦争は遅くとも春には終わるぞ！」

声が聞こえなくなった。まだいるのか、行ってしまったかわからない。と思いきや、突如、彼の声が厳しく響いた。「頑張らなきゃいかん、聞いてるか？」

戦争は我々二人にとってよい形で終わるだろう、そうしたゆるぎない信念を私に納得させようとして、あたかも命令を発するかのように、厳格にその言葉を吐いた。すぐ、屋根裏の扉が閉まる静かな音が聞こえた。

単調で希望のない何週間かが過ぎる。ヴィスワ川のほうから砲声が聞こえることがしだいに少なくなっていく。静寂を破るたったひとつの砲声さえ聞こえない日がつづく。あのドイツ人がパンを包んできた新聞がなかったら、私はこの時点で力つき、これまで何度も図ったことのある自殺をしかねなかっただろう。その最新の新聞を私は繰り返し繰り返し読んだ。そして、あらゆる前線でドイツ軍の敗北を伝えるニュースによって力づけられた。今や、前線領域は速度を増しながらドイツ帝国内に及んでいたのである。

突撃部隊の隊員たちは相変わらず、この建物の両翼で仕事を続けていた。兵隊たちが階段を上り下りして、大きな包装品をいろいろと屋根裏に持ってきたり降ろしたりしていたが、私の隠れ家はうまいところにあって、誰もここまで探そうとはしなかった。

建物の外には、常時街路を行進する護衛兵たちがいる。夜となく昼となく、ずっと兵士が行進する足音と、冷えた足を温めるためなのだろう、しきりに足ぶみする音が聞こえてくる。私は、水が欲しくなると、夜な夜な破壊された階の住居に忍び込んだ。そこのバスタブには水がなみなみとあった。

十二月十二日、将校がやってきた。これが最後となる。いままでよりも多めのパンと温かい羽布団をもってきてくれた。そして、分隊とともにワルシャワを出るのだと言った。ソヴィエトの攻撃がいつ何時来るかもわからないから、何としても元気を失うな、とも。

「ワルシャワへの攻撃？」

「そうだ」

「市街戦になったらどうくぐりぬければ……」私は心配して尋ねた。

「君がこの五年間、この地獄を生き抜いてきたのなら……。それは明らかに、生きよ、という神の思し召しだ。そうだろ？　ともかく、そんなふうに信ずるしかないじゃないか」

すでに、さよならの言葉を交わしていた。彼が去ろうとしたとき、最後の別れ際に良い考えが浮かんだ。彼に感謝の気持ちを示す方法はないものかとずっと考えていたのである。唯一の宝物である時計は、受け取れないとの強い拒否にあってもいた。

「聞いて下さい！」私は彼の手を取り、せっぱつまってこう伝えた――貴方には私の名を告げていません。貴方も訊かない。けれど、貴方に覚えていてもらいたい。これから何が起きるか、誰にもわかりません。これから祖国に帰るにしてもどんなにか遠い道のりでしょう。もし、私が生き延びることができるなら、またポーランド放送で仕事をするはずです。戦前、そこで働いていたからです。何か貴方の身に起こったとき、少しでもお役に立てればと思います。私の名前を覚えておいて下さい。ポーランド放送のシュピルマンです。……

ドイツ将校は半ば侮り、半ば羞恥心を隠せず、どぎまぎした表情を見せながらも、いつもの微笑を浮かべていた。とはいえ、こんな状況にあって、もしものときには助力したいという素朴な思いを打ち明けたことに対して、彼は悪い気持ちはしないだろうと感じた。

十二月も半ばとなり、初めての厳しい寒さがやってきた。十二月十三日の夜、水を求めて出掛けると、至る所で水が凍っていた。建物の裏口近くの、火災から免れた一室からやかんとフライパンを見つけてきてロフトに戻った。フライパンの中から氷を削り、口に入れたが、渇きを癒すところまではいかない。それで別のアイディアが浮かんだ。氷の入ったフライパンを羽布団の中に入れ、むき出しの腹の上に載せる。しばらくすると、その氷が溶け始めるというわけだ。気温が零度以下の日が続いたので、二、三日はこんなふうにしてしのいだ。

クリスマスがやってきて、一九四五年の新年を迎えた。戦争が始まってから六回目のクリスマスと新年。三十四年間の人生で最悪の祝日。とても祝うどころの話ではない。暗闇に横たわり、そこここに吹き込む嵐のような風の音を聞いていた。建物の壁にぶら下がった壊れた樋や屋根板のところで突風は引き裂かれ、破壊されそこなった部屋の家具を吹き倒すのだった。廃墟の周りをヒューヒュー鳴り続ける突風が一段落すると、屋根裏にいる大小のネズミがチューチュー鳴いたり、がさがさ音をたて、行ったり来たりしていた。ネズミたちは時々羽布団の上を疾走し、寝ている私の顔の上を走っては、素早く通り過ぎるたびに、鉤爪で顔をひっかくのだった。

私は心の中で、戦前と戦中のクリスマスがどんなだったかに思いを馳せた。まず、私には家庭があり、両親、姉たち、弟がいて、その後自分たちの家がなくなっても家族は一緒だった。それから、私はひとりぼっちとなったけれども、それでも同僚たちに囲まれていた。ところが今や、世界中の誰よりも孤独なのではないかと思う。デフォーの創作である理想的な孤独の原型、ロビンソン・クルーソーだって他の人間と出会う望みをもっただろう。クルーソーはいつか人との出会いがありうると考え、自らを励ましたのだった。ところが、この私は、今もし誰かが近づいてきたら、すぐさま逃げ出して、死の恐怖に脅えるあまり隠れてしまうことだろう。生きたければ、ひとりぼっちでいなくてはならない、全くのひとりで。

一月十四日、建物の中と、外の通りとの、いつにない騒音のせいで目が覚めた。車が出たり入ったりし、兵隊たちが階段を上り下りして、興奮し苛立った声が聞こえてくる。その間、建物中から物品が運び出されていた。おそらく車に積み込まれたのだろう。

一月十五日の早朝、以前は静かだったヴィスワ川の方角から砲撃の音が聞こえてきた。砲弾は私が隠れているこの辺りまでは飛んでこない。しかし、地面と建物の壁は間断なく繰り返される鈍い轟音に震え、屋根の金属板が振動し、内部の壁からは漆喰がはがれた。その響きは、蜂起の前からすでに何度も耳にしていた有名なソ連製カチューシャ・ロケットからのものにちがいない。私は喜びと興奮のあまり、今の自分の境遇からして取り返しのつかない愚行をおかしてしまう。フライパンに入れておいた水を全部飲み干してしまったのだ。

三時間後、激烈な攻撃は再び収まったが、私は前にもまして神経質になっていた。その夜は一睡もしなかった。ドイツ軍がワルシャワの廃墟を防衛しようとするなら、いつでも市街戦が始まり、これまでの苦難の仕上げとして、私は殺されるかもしれない。

しかし、夜は平穏無事に過ぎていった。午前一時頃、建物に残っていたドイツ軍が去っていく音。静寂が舞い降りた。この三ヵ月間、死の都市《まち》ワルシャワですら経験したことのない静けさ。建物の外では、護衛兵の足音すら聞こえない。どうしてかわからない。戦闘は続いているのだろうか？

翌朝の早い時刻のこと、大きく反響する激しい騒音によって静寂は破られた。私が心待ちにしていた最後の音だ。どこかこの近くに取り付けられたラジオの拡声器が、ポーランド語でドイツの敗北とワルシャワの解放を流していた。

ドイツ軍は戦わずして退却した。

明るくなるとすぐに、まず外へ出て冒険してみようと、熱にうかされつつ準備した。あの将校は私が水を探しに行くとき凍えないように、ドイツ軍の外套を残しておいてくれた。それを着ようとしたとき、突然路上にまた護衛兵のリズミカルな足音が聞こえてきた。ということは、ソヴィエトとポーランドの軍勢は退いてしまったのか？　またもや私は打ちひしがれてマットレスの上に沈み込み、何か耳に入ってこないかと横になっていた。……どのくらい時間が経ったのだろう、何ヵ月も聞いていなかった女たちや子供たちの声がする。彼らはなにごともなかったかのように話していた。いつか母親たちが子供たちを連れて通りを歩いた、過ぎ去りし日々のように。

何としても情報を得なければならない。この先行きの不透明さはなんとも耐えがたい。階下に駆け下り、見捨てられた建物の正面の扉から頭を出し、ニエポドレグウォスチ大通りのほうを見渡した。灰色の霧の朝だ。そう遠くはない左手に、制服を着た女兵士が立っていたが、この距離では見定めるのは難しい。すると、背中に包みを背負った女性が通りの右手から近づいてきた。彼女が目の前に来たとき、思い切って話しかけようと一歩踏み出た。

「すみませんが……」押し殺した声で、手招きしながら呼びかけた。

彼女は私をじっと見るや、すかさず仰天。包みを落とし「あ、ドイツ人だ！」と叫んで一目散に逃げ出した。これに気づいた護衛兵が振り返って私を認めると、狙いをつけてピストルを発射した。弾は壁にあたり、壁土が粉々になって目の前に落ちる。考える間もなく急いで階段を上がり、屋根裏に逃げ隠れた。

数分後、小さな窓から下を眺めると、建物全体が包囲されているのがわかった。兵隊たちが地下室へ入る際、声を掛け合っている。相変わらず、砲撃の音や手榴弾が破裂する音。

今度は私の置かれた状況がまずくなっていた。解放されたこのワルシャワで、まさしく自由になる瀬戸際で誤解されたあげく、ポーランド軍の兵隊に撃たれそうになった。隠れていたドイツ人とみなされたまま、彼らが私をあの世に送り込まないうちに、私はポーランド人だと認めさせねばならない。どうすればよいか、私は気が狂わんばかりに考えた。そうこうしているうちに、青い制服を着た別の分隊が建物の外に到着した。後になってわかったことだが、鉄道警察隊の分隊がたまたま通りかかり、兵隊たちを援護するために補充されたのだった。かくて今となっては、武装した二つの部隊が私を追い回すことになる。

私はあらん限りの大声を上げながら、ゆっくり階段を下り始めた。「撃つなあ！　私はポーランド人だ！」

すぐさま、階段を上がってくる素早い足音が聞こえた。帽子に鷲の印章をつけ、ポーランド軍の制服を着た若い将校の姿が、手摺りの間から視界に入ってきた。彼はピストルを私に向けて叫んだ。「手を挙げろ！」

私は繰り返し叫んだ。「撃つな！　私はポーランド人だ！」

その若い中尉は怒りで顔を赤くした。「一体、どうして降りてこないんだ？」彼は吼えた。「ドイツ軍の外套を着て、何してる？」

兵隊たちが近寄ってきて私をこもごも検分し、事態をよく調べてのち、ようやく私がドイツ人ではないことを本当に信じることになる。それから、彼らは私を本部へ連行し、洗面させて食事ができるようにした。その間、何をされるか、まだわかったものではなかったが。

しかし、そのようなありきたりの尋問だけでは素直に従うことはなかっただろう。というのも、何よりもまず、私はナチスの支配が終わって初めて出会ったポーランド人にキスしようと心に決めていたのである。この誓いを果たすのはとても容易ではないことがわかった。中尉は私の念願の申し出にしばし抵抗し、あらゆる種類のおしゃべりをしては身を護った。ところが、ひとつだけ弱点があった。彼はとても心優しいので、とうとう小さい鏡を取り出して、私の顔の前にかざして笑いながら言った。「これで、私がどんなに愛国者だか、わかるだろうよ！」この後、やっと間接的にせよ彼に口づけをすることができたという次第。

二週間後、軍で面倒を見てもらって清潔になり、充分休息をとった私は、六年ぶりに自由人として、むろん恐怖感などいっさいなしに、ワルシャワの通りを歩いた。ヴィスワ川の向こうのプラガへと足を向けた。以前は僻地で貧しい郊外地だったが、ドイツ軍の破壊が及ばなかったので、むかしワルシャワにあったものがここに残っていた。

私は幅広い道路に沿って歩いていた。かつては賑やかで交通量が多かった道路も、今ではずっと向こうまで閑散としている。目に入る限り、破壊を免れた満足なビルなぞひとつもなかった。瓦礫の山を迂回して歩いた。時にはあたかも瓦礫場のスロープのような山を乗り越えねばならない。電話線や線路がごちゃごちゃになってのたうつなか、過去に住居を美しく飾ったもののスクラップやら、ずっと前に死んだ人間が着ていた衣服やら、そうした生活を想起させるさまざまな日用品を踏み進むとき、私の足は縺れた。

ある建物の壁の脇に、蜂起の際のバリケードがあって、その下に人間の骸骨があった。大きくはなく、骨格は華奢。頭骸骨の上に長い金髪が見えるので、少女のそれに違いない。髪の毛は身体の他のどの部分よりも腐敗しにくいものである。骸骨のそばに錆びたカービン銃があって、右腕の骨の周りには衣服の残りがこびりついている。赤と白の腕章で、ＡＫという文字が撃ち抜かれていた。

私の姉たち、美しいレギーナ、若々しく真面目なハリーナには、そんな遺体すら残されていない。彼女らの魂に祈りを捧げるべき墓も見つかることはないだろう。

少し休んで呼吸を整えようと立ち止まった。五十万人ものユダヤ人が殺された、かつてゲットーがあった市の北側を眺め渡すと、そこには何も残っていなかった。ドイツ軍は焼け落ちた建物の壁までも平らにならしていたのである。

明日から、私は新しい生活を始めなければならない。背後に死しかない私に、果たしてそれができるだろうか？　死からどのような生きるエネルギーを引き出すことができるだろうか？　私は歩き始める。一陣の突風が廃墟の中の鉄屑をカタカタ鳴らせ、黒こげになった窓の隙間をぬってヒューヒューと唸り声を上げていた。夕闇が迫る。暗い鉛色の空から雪が降ってきた。

追記

　およそ二週間後、ポーランド放送局の同僚の一人で、蜂起に加わったヴァイオリニスト、ツィグムント・レドニツキが放浪の末、ワルシャワに帰ってきた。他の多くの人たちと同様、なるだけ早く自分の街にたどりつきたいと、はるばる徒歩で。彼はその途上、ドイツ人戦犯を収容する仮設の捕虜収容所を通りすぎた。

　後に彼が私にそのことについて語ってくれたとき、まずはすぐ、彼はこう付け加えた――自分のとった態度は必ずしもよいものとは認めないけれども、あのときはどうしても自分自身を抑えられなかった、と。

　戦犯収容所を見かけたレドニツキは、有刺鉄線がからまりついた柵まで行って、ドイツ人たちに言った。「どこがいったい教養ある人間なんだ、君たちは！　何もかも取りあげたくせに。僕は君らから、音楽家であることをやめろと言われ、ヴァイオリンまでも奪われたんだぞ！」

するると、一人の将校が立ち上がり、よろよろと柵のところまでやってきた。無精ひげを生やし、惨めでみすぼらしい姿をしていた。絶望的な目をレドニツキに向け、尋ねてきた。

「シュピルマンという名に心当たりは？」

「もちろん、知ってるとも」

「私はまさしくそのドイツ人だ……」

その男は熱にうかされたように小声で言った。

「彼を助けたことがある。ワルシャワの要塞突撃部隊が駐屯していた建物の屋根裏に隠れていた……。ここに私がいることを伝え、ここから出してくれるよう……」

最後まで言い終わらないうちに、護衛兵の一人が近づいてきた。「囚人と話すのは許されません、どうぞ行って下さい」

レドニツキはそこを離れたが、そのドイツ人の名前を聞いていないことに思い当たった。そこですぐに引き返したのだが、そのときにはもう護衛兵がその将校をずっと向こうまで連れていってしまっていた。

「おーい！　名前！　何ていうんだ？」彼は叫んだ。

ドイツ人は振り返り、何か口走ったが、聞き取ることはできなかった。

そして、私にもその将校の名前はわからない。むしろ故意に知らないままにするほうを選んだといったほうがいいかもしれない。もし、捕らえられてドイツ警察に尋問されたあげく、誰が軍隊の備蓄品からパンを持ち出したか問いつめられ、さらに拷問を受けたりしたら、彼の名を吐きかねないからである。

このドイツ人の囚人をつきとめるためにあらゆる手を尽くしたのだけれども、どうしても見つけだす手立てがなかった。ＰＯＷ（戦争犯罪人）の収容所は撤去され、どこへ移ったかは軍事機密だった。しかし、おそらくあのドイツ人――私が出会ったドイツ軍の制服を着た人間――は、無事家にたどりつくことができたのではないか。

私は時々、ワルシャワのナーブット通り八番地にある建物の中でリサイタルをする。ここは、私が煉瓦や石灰を運んだところ、そしてドイツ軍将校用の住居ができるとすぐに射殺された、あのユダヤ人の一団が働いていたところである。将校たちはその新しい素敵な家に長くは住めなかった。建物は今でも残っていて、中に学校がある。

ポーランドの子供たちの前で、私は演奏する。陽の当たる教室で、かつて起こった苦しみや死の恐怖がどんなにひどいものだったかを知らない子供たちのために。

子供たちが二度とあのような恐怖や苦しみを味わないよう、私は祈る。

ヴィルム・ホーゼンフェルト大尉の日記からの抜粋

ヴィルム・ホーゼンフェルト（1944年）

一九四二年一月十八日

国家社会主義革命というのは、あらゆる点で生半可なものであるらしい。フランス革命におけるぞっとするような残虐行為の数々については歴史が物語っている。ボルシェヴィキ革命でもまた、人間以下の扱いを受けた人々の憎悪に満ちた動物的な本能から、支配階級に対して凄まじい残虐行為が行なわれた。人道的観点からすれば、これらの行為はまことに遺憾であり、非難されてしかるべきかもしれないが、それらが無条件にしてかつ残忍で、しかも取り消しがたい性質を帯びていたことも認めねばならない。いかなる協定もなされず、そこにはいかなる口実もなく、しかもいかなる譲歩も行なわれなかった。

とまれ、革命家たちの行為は、良心や道義、あるいは習慣とは無関係に、一意専心、断固としてなされるべきものであった。ジャコバン党にしてもボルシェヴィキにしても、支配階級の者たちを虐殺し、王族を処刑した。彼らはキリスト教との関係を絶ち、これを地上から消し去ろうとして戦争を仕掛けた。そして、彼らは自国民を戦争に巻き込むことに成功し、人々のエネルギーを費やさせ、熱狂させた。これまでの革命戦争がそうだったし、今日のドイツに対する戦争も同じである。彼らの理論と革命理念は、国境を越えてなお多大な影響を及ぼしている。

国家社会主義者たちのやり方は違うが、彼らも根本的には唯一の理念を希求している。すなわち、異なる考え方をする人々の根絶、ないし絶滅にほかならない。しばしば、大勢のドイツ人が射殺されているが、事実は伏せられ、一般人の知るところとはなっていない。ある人々は強制収容所に収容され、そこで消耗させられ、餓死していく。国民はそれについて何も聞かされていない。もし、国家の敵を捕らえようとするのなら、公けの場で彼らを咎める勇気を持ち、司法の手に渡すべきである。

こうした国家社会主義者たちは、一方では資本主義を維持し、資本家や産業人の支配階級と結託し、他方では社会主義を標榜する。個人の権利や宗教の自由を宣言しながら、キリスト教の教会を破壊し、キリスト教に対する隠密裏の闘いを遂行する。

〝総統〟の理念や、能力ある者が才能を自由に伸ばす権利がかまびすしく唱道されているが、全ては党員資格に関わっている。最も有能で極めて優秀な者でも、党員でなければ無視される。ヒトラーは世界に平和をもたらすなどと説く一方、同時に狷介なやり方で武装を続けている。世界に向けて、いかなる国々もドイツ帝国に併合したり、その国の統治権を否定するつもりはないと表明しているが、チェコについてはどう考えればよいのか？　ポーランドやセルヴィアはどうなっているのか？　とりわけポーランドにおいては、すでに植民地としてあらゆる要素がそろっている以上、なにも国家の主権まで奪う必要などなかったのではなかろうか。

また、国家社会主義者たちのふるまい方を見るがよい。国家社会主義者の原則とどれほどかけ離れた暮らしをしていることか。例えば、個人の利益より共同体の利益が優先されるという考え方。一般の人々には、この原則に従うことを強要するが、当人たちがそうする気は毛頭ない。それなら、いったい誰が敵と立ち向かっているのか。それは一般人であって、党ではない。肉体的に恵まれない者たちが軍隊に召集されているというのに、戦場からはるか遠く引っ込んだ党の事務所や警察で健康な若い男たちが働いているというわけだ。どうして、若い男が兵役を免除されるのか？

彼らはポーランドを占領し、ユダヤ人の財産を奪い、それを着服している。今では、ポーランド人やユダヤ人には食べる物はなく、住むにも事欠き、凍えている。国家社会主義者たちは、全てを自分自身の物にしてしまっても、まるで悪いこととは思っていない。

一九四二年四月十七日、ワルシャワ

私はここ医科教育大学で幾日かを静かに過ごした。戦争のことはほとんど気にかけなかったが、さりとて楽しむ気分にもなれない。時々、あれやこれやが聞こえてくる。ここでニュースになるのは、射殺とか事故とか、前線の後方地域での出来事だ。リーツマンシュタット（ウッジ）では、無実の罪で百人が処刑された。数人の賊が三人の警官に発砲したとかの理由で。ワルシャワでも同じようなことが起こっている。その結果、不安や恐怖よりも、大胆な決断とか、あるいは狂信的な行為が喚起されるに及んでいる。

プラガ橋の上で二人のヒトラー・ユーゲントの少年が一人のポーランド人をからかった。彼が防御の構えを見せると、二人は助けを求めてドイツ人の警官を呼びに行った。警官がやってくると、ポーランド人はこの警察官もふくめ三人とも射殺してしまった。

郵便局前の広場では、大型の軍用車が三人の乗客を乗せた人力車をいとも簡単に引き倒した。人力車の運転手は即死。軍用車は人を乗せたままの人力車を車の下にまきこんで運転を続けたという。人が大勢集まり、一人のドイツ人が止めに入ったけれども、なかなか運転をやめようとはしなかった。人力車が自動車の車輪に引っかかり止まりそうになった。それでようやく車を止め、人力車を取り除き、また運転を始めた……。

ザコパネに住む何人かのポーランド人はスキー用具を当局に供出し損なった。にわかに家宅捜索が行なわれ、二百四十人もの人が、東方の恐ろしい強制収容所、アウシュヴィッツに送られた。そこでは、ゲシュタポが人々を苦しめ、死に追いやっている。彼らは不幸な人々を小さな部屋に押し込み、ガスで処理して手間を省くのだ。

尋問を受けるときには残忍なやり方で殴られる。特別な拷問室が用意されていて、ある犠牲者は両手と両腕を柱にくくりつけられたあげく引っ張られ、気を失うまでそこに吊されていたということだ。あるいは、やっとかがめるだけの小さな木箱の中に入れられて、失神するまで放置された例もある。彼らは、他にもどんな悪魔の道具を考え出したことか？　いかに多くの全く無実の人々が牢獄に閉じこめられているか？

日ごとに食糧が不足していく。ワルシャワでは飢餓が広がっている。

一九四二年六月二十六日、トマショウ

カトリック教会のオルガン音楽と歌を聞く。教会の中に入ると、白装束の子供たちが初めての聖体拝領を受けるために祭壇に立っていた。教会の中は沢山の人たちでうずまっていた。ちょうど「タントゥム・エルゴ」を歌っていて、祝福が行なわれていた。私も司祭から祝福を受けた。

何の罪もない小さな子供たちは、ここポーランドやドイツの街、あるいは他の国でみな神に祈っていながら、あと何年間かすると、盲目的な憎悪を抱いて互いに闘い、殺し合うことになるのだろう。国民がもっと宗教的で、彼らの支配者たちをキリスト教の威厳と呼んでいたかつての時代ですら、人々がキリスト教から遠ざかっていた時には今日と似たような状況だった。人間は善いことよりも、邪悪なことを為すように運命づけられているかのようだ。この世の最大の理想は人間愛である。

一九四二年七月二十三日、ワルシャワ

新聞を読んだりラジオのニュースを聞いていると、全てがうまくいっており、平和も確実なものだし、戦争はすでに勝ったようなもので、ドイツの将来は希望に満ちていると思われるかもしれない。しかしながら、私にはそんなことはとても信じられない。長い目で見れば不正義は栄えることができず、ドイツ軍が征服した国々を支配するやり方では、おそらく遅かれ早かれレジスタンスが生ずることになるからである。

ここポーランドの状況をひたすら直視しなければならない。しかし、私には、そうした状況について多くのことはわからない。我々にはごく少しのことしか知らされていないからだ。しかし、そうだとしても、実際に見たことや話されていることのいっさい、さらに毎日聞こえてくるさまざまな情報を総合すると、明瞭な図式を描き出すことができる。すなわち、我がドイツの行政や統治の方法、地域の人々に対する抑圧やゲシュタポの仕打ちがここポーランドでとりわけ野蛮だとして特記する必要はない。他の征服した国々においても、さして違いはないということだ。

至る所で恐怖が渦巻いており、暴力が大手を振り、逮捕があとを絶たない。人々が連れ去られ射殺されるのは日常茶飯事だ。個人の自由どころか、人間の生命そのものが全く意味をなさないものになっている。しかし、自由を愛することはすべての人間や国家にとって生来のものである。したがって、長い目で見ればそれを押さえつけることなど、とうていできない。また、圧制が決して長く続かないことは歴史が教えるところでもある。

ユダヤ人住民を殺戮するという恐るべき不正義を我々の良心にかけて考えると、我々はもはや殺人者だ。ここでは、ユダヤ人を絶滅させるための〝行動《アクツィオン》〟がとられている。東方の国の占領以来、この〝行動〟というのは警察とゲシュタポの助力を得たドイツ国民行政のメルクマールとなってきていたのだが、今では明らかに巨大化し、過激の度合いを増してきている。

さまざまに異なった情報源からの信憑性ある報告によれば、ルブリンのゲットーは一掃され、ユダヤ人たちは連れ出されて、集団殺人に処せられるか森に放逐されるかし、一部は強制収容所に送りこまれたとのことである。リーツマンシュタットやクトノから来た人々の話では、女子供を含めたユダヤ人は移動式のガス車に幽閉され、死者は衣服をはぎとられて集団墓地に投げ捨てられ、衣服は再生加工のため繊維工場に送られたということだ。そこでは恐ろしい光景が繰り広げられているらしい。

さらに、いくつかの報告によると、ワルシャワ・ゲットーにおいても、現在同じようなことが行なわれている。ここには四十万人の人々がいて、ウクライナとリトアニアの警察大隊がドイツ警察の代わりにその役割を行使しているということだ。あれもこれも、信じがたいことであり、私は、そう信じたくない。いつかこの恐ろしい行為の償いをしなければならなくなる、そうした我が国の将来に対する不安からというよりも、ヒトラーがそんなことを望んだり、そんな命令を出すドイツ人がいることが信じられないからだ。これが本当なら、彼らは病んでいるか、常軌を逸しているか、はたまた狂気に陥っているか、ということでしか説明できない。

一九四二年七月二十五日

街中で喧伝されていることが本当なら、ドイツ将校でいることはもはや名誉でも何でもない。いま、現に起こっていることにいったい誰がついてゆけるというのか。そんなことなど到底できやしない。それにしても、私には信じられない。

噂によれば、今週三万人のユダヤ人がゲットーから連れ出され、東方のどこかへ送られることになっている。全てが秘密裡に行なわれているにもかかわらず、当人たちはそこで何が起こっているか、すでにわかっているのである。ルブリンの近くのどこかで、部屋に大量の電流を流し、電気的に加熱する火葬場の仕掛けのような建物が建てられているという。不幸な人々が、この加熱された部屋に追い込まれ、生きながらに焼かれる。このようにして、射殺処刑の際のトラブルや集団墓地を掘ったり埋めたりする手間を省き、一日に何千人もの人々が殺されているわけだ。フランス革命のギロチンも太刀打ちできないし、ロシア秘密警察の地下室ですら、これほどの名人芸的な大量殺戮方法を考案したことはない。

これは、まったくもってあり得ないような狂気の沙汰だ。何故ユダヤ人たちが防戦しないか、不思議にも思われようが、彼らの大部分は飢えと窮乏の中で衰弱し、いかなる抵抗もできない状況にあるのが実情なのだ。

一九四二年八月十三日、ワルシャワ

戦争の初めの頃にポズナンから追い出されたポーランド人の商店主が、ワルシャワで商売をしていた。ときどき私は彼から果物や野菜などを買ったりしたものだ。彼は第一次世界大戦の折、ドイツ兵として四年間、西部戦線で戦ったという。私にその時の給与支払い帳を見せてくれた。この男はドイツ人に強い共感を抱いているが、本人は今もこの先もポーランド人である。彼は、ドイツ人たちがゲットーでやっている恐ろしい残虐行為や獣のような野蛮さに絶望している。

我が国にこんな人間のくずどもがどうしていられるのか、何度も何度も問わずにいられない。犯罪人や精神異常者たちが監獄や保護施設から出され、警察犬のように振る舞うためにここへ送りつけられでもしたのだろうか？　いや、それとは別の罪のない田舎者たちにこのように振る舞えと教えたのは、国でれっきとした地位についている連中である。人間の心には邪悪さと残忍さが潜んでいる。これらが野放しにされると、方々にはびこって恐るべき派生物を生み、ユダヤ人とポーランド人はこのようにして殺されるべきだとする類の観念がいつしか避けがたいものになってしまうのだ。

前述のポーランド人の商人は、ゲットーの中にユダヤ人の知り合いがいて、しばしば訪れるとのこと。彼が言うには、ゲットーの光景たるや耐えがたく、今では行くのも恐ろしい、と。――ある日のこと、彼が人力車に乗って通りを走っていたところ、ゲシュタポが何人かのユダヤ人男女を建物の中に押し込み、無差別に銃を撃ち込むのを目撃した。十人ほどの死傷者が出た。

その中の男が一人逃げ出し、ゲシュタポは彼に狙いをつけたが、ピストルの弾倉は空だった。負傷した者たちもやがて死んだ。医者たちにしても早や連れ去られるか殺されるかしており、他方、いずれ負傷者もやがて死ぬものとみなされていたため、誰ひとりとして負傷者を助ける者はいなかった……。

ある女性が私のポーランド人の知り合いに話したところによると、ゲシュタポの何人かがユダヤ人の産院に侵入し、赤ん坊を取り上げ、袋に入れて出ていき、霊柩車に投げ込んだという。これら悪党どもは、幼児の泣き声や母親たちが発する胸の張り裂けんばかりの泣き叫びにも、全く動ずるところがなかった。とうてい信じられないことだが、まぎれもない事実なのである。昨日、私はそんな野獣ども二人と電車に乗り合わせた。彼らは手に鞭を持ち、ゲットーから戻ってきたところだった。私はどんなにか彼らを電車の車輪の下に突き落としたいと思ったことか。

こんなことばかり考えているのに、依然起こるがままにしている我々は何という卑怯者であろうか。それだけでも、我々だけではなく、自分たちのあどけない子供たちだって罰せられよう。何故なら、こうした犯罪を許している我々も共謀者だからである。

一九四二年八月二十一日

嘘をつくことは、悪事の中でも最も悪いことだ。極悪非道なことはおしなべて嘘から生まれる。

かくて、我々は騙されてきた。世論は欺かれっぱなしである。新聞の政治、経済、歴史、文化、どの欄を繰っても、一ページたりとも嘘が書かれていないものはない。真実は至る所で抑圧されている。事実は歪められねじ曲げられ、正反対に変えられている。結局、こうしたことは健全なものになりうるものなのだろうか。否、人間性と自由な精神を思うなら、物事はこんな具合にはいかないはずだ。嘘つきと真実を歪める連中は滅びなければならないし、力をもって彼らの支配力を奪還しなければならない。その暁には再び、より自由で高貴な人間性に可能性が開けよう。

一九四二年九月一日

そもそもこの戦争はどうして起こることになったのか？　それは、神の不在が人類にとってどういうことを引き起こすことになるか、それを示すためだった。まず、ボルシェヴィズムが何百万もの人々を殺したが、それは新しい世界秩序を導入するためだという。けれども、ボルシェヴィストたちは神とキリストの教えに背いたため、虐殺の事実しか残すことができなかった。

今や、国家社会主義者がドイツで同じことをしている。宗教活動を禁じたために若者は神を信じずに育ち、教会は敵視され、教会の資産にしても私物化され、異なる考えをもつ者は誰でも威嚇され、ドイツ人としての自由な人間性が堕落させられ、恐るべき奴隷に変えられている。真実は彼らから遠ざけられている。彼らは国家の運命を左右するいかなる役割も担うことはできない。

人々の個人的な利益に反しない限り、盗み、人殺し、嘘に対する戒律はもはや存在しない。この神の掟を否定することが、他のあらゆる道義に反する強欲となって顕われている――不正な自己蓄財、憎悪、虚偽、不毛な性的放縦、そしてドイツ国民の堕落など。神はこれらすべてを起こるがままにしている。なかんずく、これらの〝強欲勢力〟に力をもたせ、多くの罪なき人を破滅させるがままにするのだ。神がいなければ、我々は単なる争い合う動物にすぎず、互いに滅ぼし合わなければ気が済まない、そう信じてしまっていることを人類に示すために、すべては為すがままに神はしたもうた。

我々は神の掟、「汝、隣人を愛すべし」に耳を貸そうとしない。そこで神は言う、よかろう、それでは反対の掟、つまりは悪魔の掟「汝、隣人を憎むべし」に従ってみよ、と。我々は「聖書」の「ノアの箱船」の話を知っている。最初の人類はどうしてこんな悲劇的結末に至ったのか？　それは、彼らが神を見捨て、有罪と無罪とを共に背負って死ななければならなかったからだ。罰を与えようと責めても、それを受けるのは彼ら自身なのである。今日も同じことになっている。

一九四二年九月六日

フェンシングの試合に参加した特殊突撃部隊の将校の一人が、行政センターのあるシェドルツェの街で起きた恐るべき出来事を話してくれた。彼はいかにも思い悩み、憤りを隠せないふうで、現にそこには、ゲシュタポの高官が同席していることも、大勢の仲間の中にいることも忘れてしまった。

——ある日のこと、ユダヤ人たちがゲットーから追い出され、街路に連れ出された。男も女も子供たちも。そして彼らの多くがドイツ人やポーランド人の目の前で公然と射殺された。夏の猛暑のさなか、女たちは自らの血の海の中をのたうちまわることに。助ける者など、誰一人としていない。隠れていた子供たちは窓から放り投げられた。

その後、何千もの人が、連れ去る用意のできている鉄道駅の近くに連行された。酷暑が続く日々、飲まず食わずのまま三日間待たされた。立ち上がる者がいれば、直ちに射殺された、しかもおおっぴらに。そして、二百人の人間が四十人しか入れないような家畜車に詰め込まれ、連れ去られた。彼らはどうなったか？　知っているのに誰も言わないけれど、さりとて隠しようもない。ますます大勢の人々が逃げ出そうとし、彼らがこの恐ろしい事実を世に知らしめた。

そこは、トレブリンカと呼ばれ、ポーランドのドイツ支配地域の東にある。貨車はここで荷を降ろしたが、人々の多くはすでに死んでいた。壁で囲われた場所があり、トラックがまっすぐ入って行き、人々はそこで降ろされた。死体は線路脇に積み上げられた。丈夫な者たちが到着すると、彼らは死体の山を取り除かなくてはならない。新たに穴を掘り、一杯になると埋めるわけだ。そのあとで彼らも射殺された。別の移送でまた人々が送り込まれ、前に着いた人々を始末する。

何千人もの女子供が服を脱がされ、移動式の小屋に入れられ、ガスを浴びせられた。その小屋が穴まで運ばれ、装置が作動して側壁が開き、床が上げられて、死体が墓穴に払い落とされる。これは長い間使われていた方法だ。ポーランド中から不幸な人々が集められていた。中には、運搬する容量が足りないという理由からその場で殺される者もいたが、多くの人々はこうして連れてこられた。死体から出る悪臭が、トレブリンカ地域全体にたち込めていた……。

私の親友は、これが逃れてきたユダヤ人から聞いた全てだと締めくくった。そのユダヤ人は七人の同僚たちと一緒に何とか難を逃れ、現在、ワルシャワで生きているという。市内にはそういう人間が少なくない。逃亡者は死体のポケットから取り出してきた二十ズウォティの紙幣を私の親友に見せた。彼は紙幣を丁寧に包み、染みついた死体の臭いが消えないようにして、同胞の仇をとらんと絶えず自分に言い聞かせているそうだ。

一九四三年二月十四日、日曜日

日曜日、自分自身の考えに耽って軍隊のことや軍務のことを忘れていると、日頃無意識のうちに心の中に隠していたさまざまな考えが浮かんできて、将来に大きな不安をおぼえるものだ。また、この戦争を振り返っては、無防備の市民やユダヤ人に対してどうしてあのような犯罪が犯せたのか、理解に苦しむ。繰り返し繰り返し自問する。どうしてあんなことができたのか、と。それでも、そういうことができた人たち、命令した人たち、起こるがままにした人たちはみな、礼節の感覚と責任感を全く喪失していたのだとしか説明できない。彼らはすっかり神を無視してしまった甚だしいエゴイストで、卑劣な物質至上主義者にほかならない。

昨年の夏、おぞましいユダヤ人の大量殺戮がなされ、多数の女子供が虐殺されたとき、我々はこの戦争に負けるということが私にははっきりとわかった。かつて自由な生の拡張と生活空間を求めるべく正当化された戦争にはもはや何の意味もなくなり、あらゆる文化的な価値を否定する非人道的な大量の集団殺戮に堕落した。ドイツ国民に対しても決して正当化できるような事態ではなく、これでは国民から全面的に非難されることになるだろう。逮捕したポーランド人たちに対する拷問、捕虜の射殺や虐待——これらも決して正当化できるものではない。

一九四三年六月十六日

今朝、ある若い男が会いに来た。彼の父親にはオーベルジッヒで会ったことがある。彼はその野戦病院に勤めており、三人のドイツ軍警察将校が市民を射殺したのを目撃したという。ドイツ軍将校が証明書を求めたところ、彼がユダヤ人であることを知り、戸口まで連れていって射殺した。あげく、彼が着ていたコートを奪い、死体をそのままにして去った。

ここにもうひとつ、ユダヤ人側からの目撃の報告がある。

――私たちはゲットーの建物の中にいました。七日間、地下室で持ちこたえていたのです。ところが、上の階で建物が燃え始め、女たちが飛び出し、私たちもそれに続いたのですが、何人かが撃たれました。私たちはその後、ウムシュラークプラッツに連れて行かれ、家畜車に詰め込まれました。弟は毒を飲み、女たちはトレブリンカへ送られ、そこで焼かれたのです。私は強制労働収容所に送られました。食べ物はなく、仕事はきつく、恐ろしい扱いを受けました……。

その彼は友人にこう手紙を出したという。「毒を送ってくれ！　もう耐えられない。大勢の人たちが死んでいくんだ」

ヤイト夫人は一年間、秘密機関で家事使用人として働いていた。彼女はしばしば、そこで働くユダヤ人たちが受けるひどい扱いを見てきた。残忍なやり方で打ち据えられる様を。あるユダヤ人は厳寒の中、身を包む衣服もなくコークスの山の上に終日立たされた。で、通りかかった秘密機関の兵が彼を撃ち倒した。数え切れないほどのユダヤ人たちが理由もなく、無分別に、こんなふうに殺されたのだ。どうしてこのようなことを理解できようか。

今や、ゲットーのユダヤ人住民の最後の生き残りが殲滅されつつある。エスエス突撃隊員の一人は、燃えさかる建物から逃げ出すユダヤ人をどうやって仕止めるか自慢していた。ゲットー全体が砲火に焼かれ、完膚なきまでに破壊されようとしていた。

これらの畜生どもは、こんなやり方で戦争に勝てると考えている。しかし、この凄まじいユダヤ人大量殺戮とともに戦争に敗れたのだ。我々はもう払拭できない恥辱をこうむったのである。これは取り除くことのできない呪いにほかならない。もはや慈悲に値しない。我々みなが、有罪だからである。

私は街の中へ出掛けていくのが恥ずかしい。ポーランド人なら誰でも、我々に唾する権利がある。ドイツ兵たちは毎日射殺されることになるだろう。事態はますます悪化するだろうが、我々には嘆く権利はない。我々は他の何ものにも値しないのだから。毎日こうしていると、だんだん気分が滅入ってくる。

一九四三年七月六日

実にむごたらしい、人々の犠牲を伴うこの恐ろしい戦争をどうして神は許したのか？　恐るべき空襲、罪なき市民を襲う凄まじい恐怖、強制収容所における囚人に対する非人間的扱い、ドイツ軍による何十万にものぼるユダヤ人虐殺などを考えてみよ。これは神の過ちだろうか？　どうして、神は助力の手を差しのべず、為すがままにしているのか？　そのような疑問を持つ。しかし、答えは得られない。ややもすると我々は自らを責めず、他人を咎めがちだ。人間が悪を信奉するゆえに、神は悪の登場を許した。かくて、今や我々は自分自身の中にある悪や欠点を心の重荷として感じ始めている。ナチスが力を持ったとき、我々はそれを阻止すべく、何もしなかった。

我々は自身の理想をあざむいたのである。個人の理想、そして民主主義と宗教の自由という理想を。

労働者はナチスに追従して行った。教会は傍観して見守った。中産階級はあまりに臆病で何もしなかった。指導すべき知識階級とて似たようなものである。我々は労働組合の廃止を認め、いろいろな宗教上の宗派を抑圧されるがままにした。新聞やラジオにおける自由な発言もなくなる。とどのつまりが、我々は戦争へと駆り出されることになってしまった。民主主義を標榜しないドイツで良しとし、言うことに何の真実味もない人たちの似非表明をひたすら我慢することになる。理想というものは難なく裏切られるはずはない。かくて、今や我々は事の結果の責任をとらねばならない。

一九四三年十二月五日

退却につぐ退却の昨今。現在、我が軍はドニエプル川で戦っている。ウクライナ全土は失われつつある。ウクライナでまだ占領している残りの部分を維持できたとしても、経済的に利益にならないことは議論の余地がない。ロシア軍はいつでも、彼らの領土から我々を締め出すほど強力だ。イタリアにおけるイギリス軍の攻撃が始まり、ここでもまたもや我が軍は撤退につぐ撤退の羽目に。

ドイツの都市もひとつずつ破壊されている。今度はベルリンの番だ。九月二日以来、ライプツィヒで空襲が続いている。ユーボート作戦は全くの失敗だ。勝利をまだ口にする人たちは何が期待できると思っているのだろうか。大義名分によっていくつかの国を占領したが、たった一つの国さえ味方につけることができなかった。我が同盟国、ブルガリア、ルーマニア、ハンガリーらは、限られた地域での助けにしかならない。これらの国にしても、自国内の問題に対処できれば万々歳だし、敵が国境を攻めてくる場合に対処するくらいのものである。したがって我々には、せいぜいルーマニアからの石油供給のような経済的援助しか期待できない。軍事的な言い方をするなら、これらの国の援助は実質的には価値がない。イタリアは、ファシスト政権が転覆して以来、我々にとって帝国の境界外の戦争舞台でしかなくなった。戦いはまだ続いているが、降伏は時間の問題だろう。

敵は優勢を誇り、我々の手から武器を払いのける勢いだ。まっすぐ立とうとすれば倒される。これが現実というものであるとして、それならどうすれば、この戦争を好転させられるのか？

ドイツにいる者だって、この戦争に勝てるとはもう誰も信じてはいないけれども、果たして打開策はあるか。国内における革命の可能性は全くない。ゲシュタポに立ち向かって命を賭ける勇気が持てないからだ。それに、わずかの者が試みても何の役に立つというのか。大多数の人が彼らに従い、しかも多くは足枷をはめられている。この十年間というもの、国民全体はおろか、個々の自由な意志表明が行なえる機会は全くなかった。そんなことをしたら、すぐにゲシュタポの弾丸が飛び始めただろうから。さりとて、軍隊の反乱も期待できない。兵隊たちは嬉々として死に赴き、集団行動に至るいかなる反対思想も速やかに鎮圧される。だから、我々はあくまで行き着くところまで行かなければならない。国家全体がこれらの悪業、不幸、侵した罪の全てを償わねばならなくなるだろう。我々が招いた人殺しどもが一掃される前に、多くの罪のない人々が犠牲になるにちがいない。これは事の大小にかかわらず、動かしえない法則なのである。

一九四四年一月一日

イタリア南部で米軍が芸術作品の収奪と移送を行なっているとして、ドイツの新聞が憤然と報道している。他人の行為へのそんな抗議なぞ、まことに滑稽千万ではないか。我々がポーランドから盗み出したり、ロシアで破壊した芸術品のことを敵が知らないとでも思っているのだろうか。〝我が国固有の善悪〟の見方をとり、我々がやってきたことを冷静に受けとめたとしても、こんな偽善は場違いで、徹頭徹尾ばかげたものにしか映らない。

一九四四年八月十一日

総統からワルシャワを徹底的に破壊するよう命令が下る。もうすでに始められていることでもあるが。暴動で解放された道路がいたるところ砲火に遭い、破壊されようとしている。住民たちは都市《まち》を後にしなければならず、何千人もの群衆となって西に向かっている。この徹底破壊のニュースが本当なら、我々はワルシャワを失い、それとともにポーランド、そして戦争を失ったことは明白である。五年間占領し拡張して、世界に向けて戦争の〝代償〟だと主張してきた土地を見捨てようとしているのだ。

ここでは極悪非道のやり方が行なわれた。我々は支配者のように振る舞い、決してここを出て行かないぞと豪語した。今では、全てが失われたことを目の当たりにするだけである。我々は自らつくりあげた〝労作〟を壊している。国民による統治が誇りとしてきたものの全てを。それは偉大な文化遺産がまさしくここにあって、その必要性を世界に証明したかったことにほかならない。我が東方政策は破綻し、ワルシャワを破壊することによってその最後の記念碑を打ち建てているのである。

エピローグ

シュピルマンとホーゼンフェルトの架け橋

ヴォルフ・ビーアマン

ヴォルフ・ビーアマンはドイツで最も広く知られた詩人であり、作詞者であり、エッセイストである。彼は一九三六年に、共産主義者の息子として生まれた。彼の父親はユダヤ人の造船労働者でレジスタンスの闘士だったが、一九四三年、アウシュヴィッツで殺された。十代だったビーアマンは西独へと向かう避難民の流れに逆行して東へ行った。一九六五年、彼の作品が東独で政府を攻撃したかどで禁じられた。一九七六年には、当局によってビーアマンは強制的に西独へ移住させられた。彼は現在、ハンブルグに住んでいる。

この本には前書きも後書きも必要ではないし、実際どんな注釈も必要としない。しかしながら、著者ウワディスワフ・シュピルマンは、書かれた事柄がすでに半世紀も経ているとして、読者のためにいくつかのコメントをつけるよう私に依頼してきた。

彼は終戦の直後に、このワルシャワにおける物語を書いた。まさに熱が冷めやらぬうちに、もっと正確に言うなら、衝撃を受けた状態のままに。ショア（ホロコースト）の思い出について書かれた本は沢山ある。しかし、生き残りに関する記事の大部分は、事が起こってから数年あるいは数十年経て書かれたものである。それなりの明確な理由があってのことと思われる。

読者は、この本が第二次世界大戦の灰燼がまだ燻っているさなかに書かれたにもかかわらず、その言表が意外なほど冷静であることに気づかれるだろう。ウワディスワフ・シュピルマンは、体験したばかりの苦しみをほとんどメランコリックに超然と描き切っている。いろいろな地獄を渡り歩いたあげく、まだ自分自身の感覚に立ち戻っていないかのように、私には思えてならない。ドイツ軍のポーランド侵攻以来、彼があたかも別人になって、驚きながら自分を書いていたかのようである。

本書はもともと、ここでは章名になっている「ある都市の死」というタイトルで、一九四六年に初めてポーランドで出版された。この本はスターリン派のポーランド人たちによってたちまち出回らないようにされ、以来ポーランドでも外国でも再刊されなくなる。赤軍の支配圏にある国々では、徐々に解放者たちの締め付けがいっそう堅固になるにつれて、東ヨーロッパの大部分の〝ノーメンクラトゥーラ〟たちには、この本のような信憑性の高い証言には我慢がならなかったのである。また、この本では、ロシア、ポーランド、ウクライナ、ラトヴィア（リトアニア？訳者注）、そしてユダヤの人々とナチス・ドイツとの挫折した協力関係についての、あまりに多くの痛ましい真実が述べられている。

イスラエルにおいてすら、人々はそのような話など聞きたがらない。それは奇妙なように思われるかもしれないが、納得できることなのである。というのもこの問題は、あらゆる関係者、犠牲者、そして加害者にとっても同じように耐えがたいものだ。明らかに正反対の理由でのことだが。

ぼくたちに時刻を数えた者が、
数え続けている。
何を　かれは数えているのだろう、　ねえ？
かれは数え　そして　数える。

パウル・ツェラン〔中村朝子訳〕

多くの数。もっと多くの数。ポーランドにかつて住んでいた三百五十万人のユダヤ人のうち、二十四万人がナチス時代を生き延びた。もちろんドイツ軍が侵攻するはるか以前から、反ユダヤ主義というのがはびこってはいた。しかし、それでも、三、四十万人のポーランド人たちがユダヤ人を救うために命を賭けたのである。イェルサレムにある中央ユダヤ人記念地、ヤッド・ヴァシェムには、一万六千人のアーリア人の名が記録されているが、その三分の一はポーランド人である。何故そのように正確に数えあげられるのか。〝ポーランド人〟の間には歴史的に、反ユダヤ主義の悪影響がいかに恐ろしい猛威を振るったかはよく知られているけれども、一方でこれほど多くのユダヤ人をナチスから匿った国はないという事実はほとんど知られていない。フランスでユダヤ人を匿ったら、その報いは監獄行きか強制収容所行き、ドイツでなら命を奪われるという事態となる。ポーランドにおいては、家族全員の生命が犠牲にされたというのに。

心うたれたことがある。シュピルマンの心の記録には、復讐を願うというような気持ちが全く含まれていない。彼とはかつて、ワルシャワで会話を交わしたことがある。ピアニストとして世界を旅した直後でもあり、疲労を見せていたのだが、彼は、調律の必要な古いグランドピアノに向かって座っていた。彼は、半ば皮肉を込めて半ばひどく真面目くさって、子供じみた感想を言った。「若いころ、二年間ベルリンで音楽の勉強をした。けれど今、私にはドイツ人たちのことを、彼らはきわめて音楽的だったんだ……なんて、とても言えない」

この本は、ワルシャワ・ゲットーでの暮らしの絵を広大なキャンバスの上に描いている。ウワディスワフ・シュピルマンは、我々がすでに薄々知っていたことを、もっと深く理解できるように記した。とはいえ、刑務所、ゲットー、強制収容所とそこにある小屋や監視塔、ガス室……これらの特徴をことさら強調するようには書かれていない。

飢えというものは、内面の輝きとは縁遠いものである。遠慮なく言えば、悪党は有刺鉄線の向こう側でも所詮悪党なのだ。しかし、そんな単純な取り上げ方がいつも通用するとは限らない。ゲットーや強制収容所においては、ある種の下層階級のごろつきや名うての悪党どものほうが、教育を受けた立派な中産階級の人たちよりも勇敢にかつ頼もしく振る舞ったのである。

ウワディスワフ・シュピルマンはショア（ホロコースト）を淡々とした散文で書き表わすところに時々、詩のような濃密な手法を持ち込む。ウムシュラークプラッツの場面を思い浮かべていただきたい。あのとき、シュピルマンは、確実な死が待つであろう不確かな未来に向けて、すでに破滅する運命にあり、〝再移住〟組に入れられていた。彼と、両親、弟、姉たちは、一個のクリームキャラメルを六つに分け、それをみんなで一緒の最後の食事とした。

さらに思い起こすのは、死への列車を待つ際の、歯医者の我慢ならない気持ちである――「これは我々みんなの恥だ！　我々は死に場所へ連れて行かれるままになっている。屠殺場に送られる羊のように、ね。我々五十万人がドイツ軍を攻撃すれば、ここを抜け出すことができるんだ。少なくとも、歴史に禍根を残さず、名誉ある死に方ができるってものじゃないか！」。そして、シュピルマンの父親による答え――「ご覧なさい。我々は英雄じゃないんだよ。全く普通の人間なんだ。だから十パーセントの生きるチャンス、その望みを繫ぎとめておきたいんじゃないかな」。

こうした二つの考え方というのは、きわめて悲惨な出来事にあってはよく起こりうるものであり、歯医者もシュピルマンの父親も間違ってはいない。ユダヤ人たちは、こうした答えの出ない彼らなりの〝抵抗〟の問題を何千回となく議論してきたし、次の世代にも引き継がれることだろう。さらに、もっと現実的な問題点も浮かんでくる。多くの女性、子供、老人たち、そして一般の市民がどのようにして、神からも、世界からも見捨てられたのか。実際に飢えたり、病んだりしていた人たちがどうすれば、あの完璧な絶滅マシンに対して身を守れただろうか？

実際のところ、抵抗活動はどうにもならなかったけれども、それでもユダヤ人たちのレジスタンスは存在した。ワルシャワ・ゲットーにおける武装闘争、ユダヤ人パルチザンによってなされた無数の勇敢なる行為もまたひとつのきわめて有能な抵抗組織だったことを如実に示している。ソビボールで、そしてトレブリンカですら蜂起があった。私はイスラエルのリディア・ヴァーゴとサラ・エーレンハルトのことを想い出す。彼女らはアウシュヴィッツの弾薬工場で、奴隷として生き延びた。そこでは、死体焼却場のひとつを吹き飛ばすための爆発物が作られていたのである。

この物語では、シュピルマン自身が勇敢なレジスタンス活動の中で直接の役割を果たしていたことがわかる。街のアーリア人側へ送られる労働隊に徴用されると、パンやジャガイモの中に混ぜて、ユダヤ人レジスタンスのための弾薬をゲットーに持ち帰っていた。この勇敢な行為を控えめに、それもほんのついでにふれている程度だけれども。

ところで、今回初めてヴィルム・ホーゼンフェルトの日記の一部が公けにされている。この国防軍の将校がいなかったら、一人のポーランド系ユダヤ人にすぎないシュピルマンはおそらく生き延びることはなかっただろう。ホーゼンフェルトは教師だったが、すでに第一次世界大戦に、中尉として従軍していた。したがって、第二次世界大戦では前線の軍務につくには年を取りすぎていると見なされたのかもしれない。ゲームや運動が楽しめるようにドイツ軍の兵隊たちの便宜をはかるべく国防軍に引き継がれたワルシャワの全スポーツ施設を監督する役目を負わされたのは、そういう理由からだったのだろう。ホーゼンフェルト大尉は戦争の最終的な時期にソ連軍の捕虜となり、囚われの身のまま七年後に亡くなった。

そういえば、シュピルマンの彷徨の物語の初めに、憎むべきユダヤ人警官の一人が彼を救った。そして、物語の最後に、誰もいなくなった廃墟ワルシャワの街で、半死半生のピアニストを見つけ、殺さなかったのが、ホーゼンフェルト大尉だった。それだけではなく、ホーゼンフェルトはユダヤ人の隠れ家に食べ物、羽布団、コートを届けることまでした。どこかハリウッドのおとぎ話のようだが、事実なのである。忌まわしい支配者民族の一員が、このおぞましい物語の中で守護天使の役を演じた。

いずれにしろ、ヒトラーのドイツ軍は明らかに戦争に負けていたわけで、〝逃亡者〟は先を見越して、自分の名を明かそうとしない〝恩人〟にこう伝えたのだった――「貴方の身に何かが起こったとき、少しでもお役に立てればと思います。私の名前を覚えておいて下さい。ポーランド放送のシュピルマンです」。シュピルマンは一九四五年から直ちにこの恩人を捜し始めたが、うまくいかなかったという。彼は友人のヴァイオリニストがホーゼンフェルトを目撃した場所までたずねて行ったが、捕虜収容所はすでに移動した後だった。

ホーゼンフェルトは結局、スターリンの死の前年、スターリングラードにあった戦犯捕虜収容所で死んだ。彼は、一人のユダヤ人を救ったことをソ連の将校たちに伝えたのだが、それが突拍子もない嘘だととらえられ、監獄で悩み続けたという。その後、彼は何回かの脳卒中を起こし、最後には、心も乱れ、撲たれてもわからない子供のようになってしまった。精神がボロボロになって死んだ。

ホーゼンフェルトはひたすら日記をなんとかしてドイツへ送ろうとしていた。彼が最後に家を離れたのは一九四四年の聖霊降臨祭の日である。卑劣な戦争から帰ってきたばかりの大尉の家庭の魅力的な写真がある。真っ白な制服を着た彼の周りに妻と最愛の子供たちが寄り添っている。永遠の平和をたたえた田園詩を見るかのようだ。

ホーゼンフェルトの家族は、日記を含む二冊のびっしりと書き込まれたノートを保管している。最後に記入された日付は一九四四年八月十一日となっているが、ホーゼンフェルトは今にも怒りが爆発しそうな論評を普通の軍事郵便で出したことになる。この二冊のノートが、革コートを纏い、恐怖にかられた紳士諸君の手に渡っていたらと考えると……。おそらくホーゼンフェルトを八つ裂きにしたであろうことは想像に難くない。

ホーゼンフェルトの息子は、死んだ父親の姿を生き生きと描写した文章を寄せてくれた。

「父は何ごとにも熱心で、心の温かい教師でした。子供を撲つことが学校の普通の教育方針となっていた第一次世界大戦前の時代でも、父の子供たちに対する優しさは決して因襲にとらわれないものでした。スペッサルト村の学校で、最小学年の子がアルファベットを覚えられないでいると、父は子供たちを膝の上にのせて優しく教えたものです。いつもズボンのポケットに二枚のハンカチを持っていて、一枚は自分用に、もう一枚は子供たちが垂らす鼻を拭くのに使ったのです。

一九三九年の秋、ポーランドへ向けてフルダを発った父の部隊は、一九三九年から四〇年にかけての冬、ワルシャワの東にあるヴェグロウという小さな町に駐留しておりました。そこでドイツ軍の兵站部は、ポーランド軍が貯蔵する干し草の在庫を横領したのです。

ある寒い冬の日、父は一人の小学生を連行しようとするエスエス隊員と出くわしました。聞けば、少年は納屋に入り、徴発品の干し草をいくらか、おそらくほんの一抱えほど盗んで捕まったとのこと。少年は盗んだ罰と他者への見せしめに射殺されようとしていたのです。

父は〝その子を殺してはならん！〟と叫びながらエスエス隊員のところへ駆け寄りました。エスエス隊員はピストルを引っ込め、今度は父に向けて〝そこをどかなかったら、大尉、あなたも一緒に殺しますぞ！〟と脅したのです。

この体験から父が立ち直るのには随分と時間がかかりました。この話をしてくれたのは一度きりで、休暇で帰って来た二、三年前のことでした。家族のうちで、この話を聞いたのは私だけです」

*

戦後すぐウワディスワフ・シュピルマンは、再びワルシャワ放送でピアニストとして働き始める。ドイツ軍の砲弾が雨あられと降る日に、ラジオのライヴ放送で弾いた同じショパンの作品をもって新たに放送を開始した。六年もの間、ヒトラー氏が世界の舞台で自分のパートを弾いたため、ショパンの嬰ハ短調のノクターンの放送がしばしの間遮られた、とでもいえようか。

一九四九年まで、あの救済者についての情報は何も得られなかったが、一九五〇年に進展があった。ユダヤ系のポーランド人、レオン・ヴァルムがポーランドから移住する途上、西独のホーゼンフェルト家を訪れたのである。ヴィルム・ホーゼンフェルトの息子の一人がレオン・ヴァルムについて書いている。

「戦後の数年間、母は弟や妹と一緒に、レーン地方の小さな村、ターラウの学校にある昔なじみの施設に住んでいました。一九五〇年十一月十四日、感じの良い若いポーランド人がやってきて、戦時中にワルシャワで会った父は今どこにいるかと尋ねました。

この青年は運悪く仲間と一緒に閉じこめられた家畜車でトレブリンカの絶滅収容所に送られる途中、有刺鉄線で閉じられたハッチを何とか開け、走っている列車から飛び降りたのです。ワルシャワで、彼はある家族を通して父に会いました。父は偽名を与えて彼を逃し、スポーツセンターの従業員として雇ったのです。それからずっと、青年はポーランドで化学者として働くことになりました。そして今後、オーストラリアで自分の事業を始めるつもりだといっておりました」

この青年、レオン・ヴァルムがホーゼンフェルト夫人を訪問した際、彼女から〝夫はまだ生きている〟と知らされた。実際、夫から手紙やカードを受け取っていたのである。夫人は一九四六年七月十五日付の葉書を彼に見せ、夫が救ったユダヤ人とポーランド人のリストまで示した。リストの四番目に「ワルシャワ放送局のピアニスト、ウワディスワフ・シュピルマン」とあった。

チェチョーラという名の家族、そのうちの三人には、想い出深いホーゼンフェルトの物語がある。

ドイツの電撃戦、初日のこと。スタニスワフ・チェチョーラというポーランド人の妻が、敗軍の兵士となって負傷した夫が収容されていると聞かされ、パビアニスにある戦犯収容所の監獄に行った。きっとあの夫《ひと》のことだから敵軍に殺されると恐れているのではないか、彼女はそう気をもんで、居ても立ってもいられなくなった。途中で自転車に乗ったドイツ軍将校に出会った。どこに行くのかと尋ねられ、恐怖で腰を抜かさんばかりの彼女は口ごもって、つい本当のことを言ってしまう——「夫は兵隊です……ここの収容所で病気になっています。間もなく子供が生まれるので、とても心配なんです」。ドイツ人はその男の名前を手帳に控え、「三日もすれば、あなたのご主人は家に帰れる」と約束して彼女を帰した。そして、その通りになった。

その後、ホーゼンフェルトは折に触れてチェチョーラの家族を訪れ、よき友人となる。この桁外れのドイツ人はなんとポーランド語を学び始めた。また彼は、信心深いカトリック信者として、新たな友人たちと一緒に国防軍の制服を着て教会に出掛け、普段のポーランド流の礼拝に出るまでに。ドイツ人が〝殺人者の衣服〟を着て、極めて礼儀正しくポーランドの司祭に跪く一方、〝人間以下のスラヴ人〟がドイツ人の舌の上に、キリストの分身を示すウェーハをのせるというのは何という光景だろう。

あれこれと関連したことが起こる。チェチョーラの家族は、夫の兄の安否を気遣っていた。彼は司祭で、ドイツ軍から目を付けられ、政治的な理由から地下に潜っていた。ホーゼンフェルトはこの司祭をも救う。三つ目はチェチョーラの親戚を軍需トラックの中から救ったことである。両方の救出劇がどのようになされたか、ホーゼンフェルトの娘の話からわかった。

「一九七三年の春、ポズナンからマチェイ・チェチョーラが私たちを訪ねてきました。

一九三九年秋のドイツ軍の侵攻以来、カトリックの司祭である彼の叔父はゲシュタポの手から逃れなければならない運命にありました。国防軍の計らいでワルシャワ市のスポーツ施設の責任者をしていた父は、彼に〝チコツキ〟という偽名を与え、施設の事務所で仕事を与え、保護したのです。私の父が司祭の義兄コッシェルと会ったのは、彼がすぐに親しくなったチェチョーラのお父さんを通じてでした。

マチェイ・チェチョーラが私どもにした話では、一九四三年ごろにポーランド自由軍の闘士がコッシェル一家が住んでいたワルシャワのとある場所で、何人かのドイツ人を射殺しました。これに対し、その地域のエスエス部隊は大量の人々を逮捕したのです。その中にコッシェルさんがいました。トラックに乗せられ、その中の不運な人々は街を出ると直ちに報復のため処刑されたのです。

市の中心街を歩いていた父が交差点でこのトラックをたまたま見かけました。コッシェルさんは舗道にいる父の姿を見つけ、絶望の表情を見せながらも元気に手を振りました。父はすぐに状況を察し、運転手に止まるよう合図しました。車が止まると、父は係のエスエス隊長に命令調で言いました。〝一人欲しいんだが！〟彼はトラックの上に上がり、中にいる者たちを検分して、さも偶然であるかのように、コッシェルを拾い出しました。こうして彼は、救われたのです」

世の中は狭いものである。東欧ブロックが崩壊してから八年が過ぎた今日（一九九七年）、スタニスワフ・チェチョーラの息子はハンブルグのポーランド領事をしているのだが、彼は私に感動的なエピソードを話してくれた。あの救出後、サムター＝カロリンにいた両親は感謝のあまり、父親が不在中のホーゼンフェルトの家族にソーセージやバターの入った食糧小包を送ったのだぞうだ。戦争の真っ只中のこと、しかも飢えにあえぐポーランドからヒトラーのドイツへ、である。これまた、世の中、奇妙と言えば奇妙である。

＊

レオン・ヴァルムはポーランド放送気付で、ワルシャワにいるシュピルマンと接触し、彼にホーゼンフェルトが救った人たちの名前を伝え、助力してほしいと緊急の要請をした。もう半世紀も前のことである。

一九五七年、ウワディスワフ・シュピルマンは素晴らしいヴァイオリニスト、ギンペルとともに西独を演奏旅行した。二人の音楽家はターラウのヴィルム・ホーゼンフェルトの夫人アンネマリー、二人の息子ヘルムートとデトレーフを訪ねた。夫人は訪問者に夫の写真を渡した。それが、この本に印刷されているものである（二二四頁参照）。昨年の夏、このほとんど忘れられかかっている本がドイツで再版されることが決まったとき、私は老シュピルマンに、ホーゼンフェルトの話の背景について尋ねた。

「おわかりでしょう。私は話したくないのだ。このことを誰とも話し合ったことはない。妻とも、二人の息子とも……。どうしてかって？　恥ずかしいからだよ。いいかね、私は一九五〇年代の終わりにドイツ将校の名前をやっと見つけて、恐怖と闘い、嫌悪を克服しつつ、謙虚な請願者として、ポーランドでまっとうな人間なら口にもしたくない犯罪者のところへ行ったんだ。ヤクブ・ベルマンのところへだよ。

ベルマンはポーランドの最高権力者、ポーランドNKWD（人民内務委員会）の親玉で、知ってのとおりインチキ野郎だった。内務大臣よりもよほど影響力があったよ。でも、私は決心したんだ。彼に会いに行って事細かく話し、ホーゼンフェルトが救ったのは私だけではないと伝えた。ユダヤ人の子供たちも救ったし、戦争の初めにはポーランドの子供たちに靴や食べ物を買って与えたことなども。また、レオン・ヴァルムとチェチョーラの家族についても話し、沢山の人たちがこのドイツ人のお陰で命が助かったことを強調したよ。ベルマンは友好的で、何とかしようと約束してくれた。数日後、個人的に電話さえしてきてくれたのだ。彼は気の毒がっていたが、結局は何もなされなかった。〝そのドイツ人がポーランドにいるなら、何とかできたんだが〟とね。〝ソヴィエト連邦の友人たちは将校を釈放するつもりはない。あの将校はスパイ活動と関わりのある分隊にいたというんだな。だから、ポーランド人としてはどうにもならない。私の力不足だよ〟というわけさ。スターリンお気に入りの全能なる男が！　こうして、私は最悪のくじを引き、どうにもならなかったんだ……」

戦争直後のポーランドでは、ドイツ将校が勇敢な人助けをした内容の本を出版するのは不可能だった。ポーランド版においては、自分を救ってくれたヴィルム・ホーゼンフェルトをオーストリア人と書かざるを得なかったことは読者には興味深いことだろう。今日では馬鹿げたことと思われるだろうが、当時、オーストリアの天使というのなら「それほどおかしくはない」と思われていたのだ。冷戦時代には、オーストリアと東独は偽善という共通項で結びついていた。両国とも、第二次世界大戦中、ヒトラーのドイツに強制的に占領されたと触れまわっていたのだから。

＊

ヤッド・ヴァシェムには〝正義の大通り〟があって、ホロコーストからユダヤ人を救ってくれた異教徒一人一人のために若木が植えられてきた。石の多い土に生えた若木の上の小さなプレートには、これらの勇敢な人たちの名前が刻まれている。大博物館へ行く人は誰でも何千もの名前の前を通り過ぎることになる。私は、正義の大通りにヴィルム・ホーゼンフェルトのための木が植えられて、ヨルダン川の水をかけられることを望みたい。それを植えるのは誰だろうか。ウワディスワフ・シュピルマン以外の誰か？　息子アンジェイの支えとともに。

ワルシャワ・ゲットー略図

＊戦後のワルシャワ市内地図上に、コンピューターによりゲットーの概要を再現。壁、道路等の位置関係には、参考文献『コルチャック先生』『ワルシャワ・ゲットー日記』に掲載されている地図を参考にさせていただいた。
＊地図上の番号は本書に出てくる道路、地名の位置を示している。
＊（　）内は本書に出てくる章。

1　ノヴォリプキ通り（1,6,8,10）
2　シエンナ通り（1,5,6）
3　レスノ通り（1,6,7）
4　エレクトラルナ通り（1）
5　サスキ公園（1,10）
6　シリスカ通り（2,4,10）
8　マルシャウコウスカ通り（2,3,5）
9　パニスカ通り（3）
10　クロレウスカ通り（3）
11　グジボウスキ広場（3）
12　ヴィエルカ通り（3,6）
13　ジェラズナ通り（3,5,6,11）
14　ソスノワ通り（3）
19　ユダヤ評議会の建物（5,7）
20　ジェルナ通り（5,6）
21　ゲンシア通り（5,8,10）
22　スモーサ通り（5）
23　ザメンホフ通り（5）
24　フウォドナ通り（6,8）
25　スヴォータ通り（6）
26　カルメリツカ通り（6）
27　パヴィアク拘置所（6）
28　ミワ通り（6）
29　ウムシュラークプラッツ（8,9,10,11）
30　ナレウスキ通り（9）
31　ジェラズナ・ブラーマ広場（10）
48　ユダヤ人墓地
49　クラシンスキ公園
51　スターレ・ミャスト

［参考文献］
近藤二郎『コルチャック先生』（朝日新聞社、1990年）
ハイム・カプラン（A.キャッチ編）『ワルシャワ・ゲットー日記』（松田直成訳、風行社、1993、94年）

大ゲットー
小ゲットー
0 500m
1
2
3
4
5
6
8
9
10
11
12
13
14
19
20
21
22
23
24
25
26
27
28
29
30
31
48
49
51

ワルシャワ中心部とゲットー

＊ゲットーの位置を、戦後のワルシャワ市中心部との関係で示す。
＊本書に登場するゲットー外の道路や建物等の位置を番号で示す。
＊（　）内は本書に出てくる章。

7　ヴィスワ川（2,3,4,17,18）
15　ノーヴィ・シヴィアト通り（3）
16　イェロゾリムスキ大通り（3）
17　コシコヴァ通り（4）
18　マゾヴィエツカ通り（4）
32　ウジャズドウスキ大通り（11）
34　ナーブット通り（11,12,14）
35　ポルナ通り（11）
36　ハルビンスキ通り（11）
37　ヴィスニオワ通り（12）
38　プウァウスカ通り（13）
39　ウニイ広場（13）
40　ニエポドレグウォスチ大通り（14,15,16,17,18）
41　ランギエヴィッツ通り（15）
42　八月六日（一日？）通り（15）
43　センジオウスカ通り（15,17）
45　モコトウスキ競技場（15）
46　フィルトロワ通り（16）
47　プラガ地区（17,18）
50　ワジェンキ公園

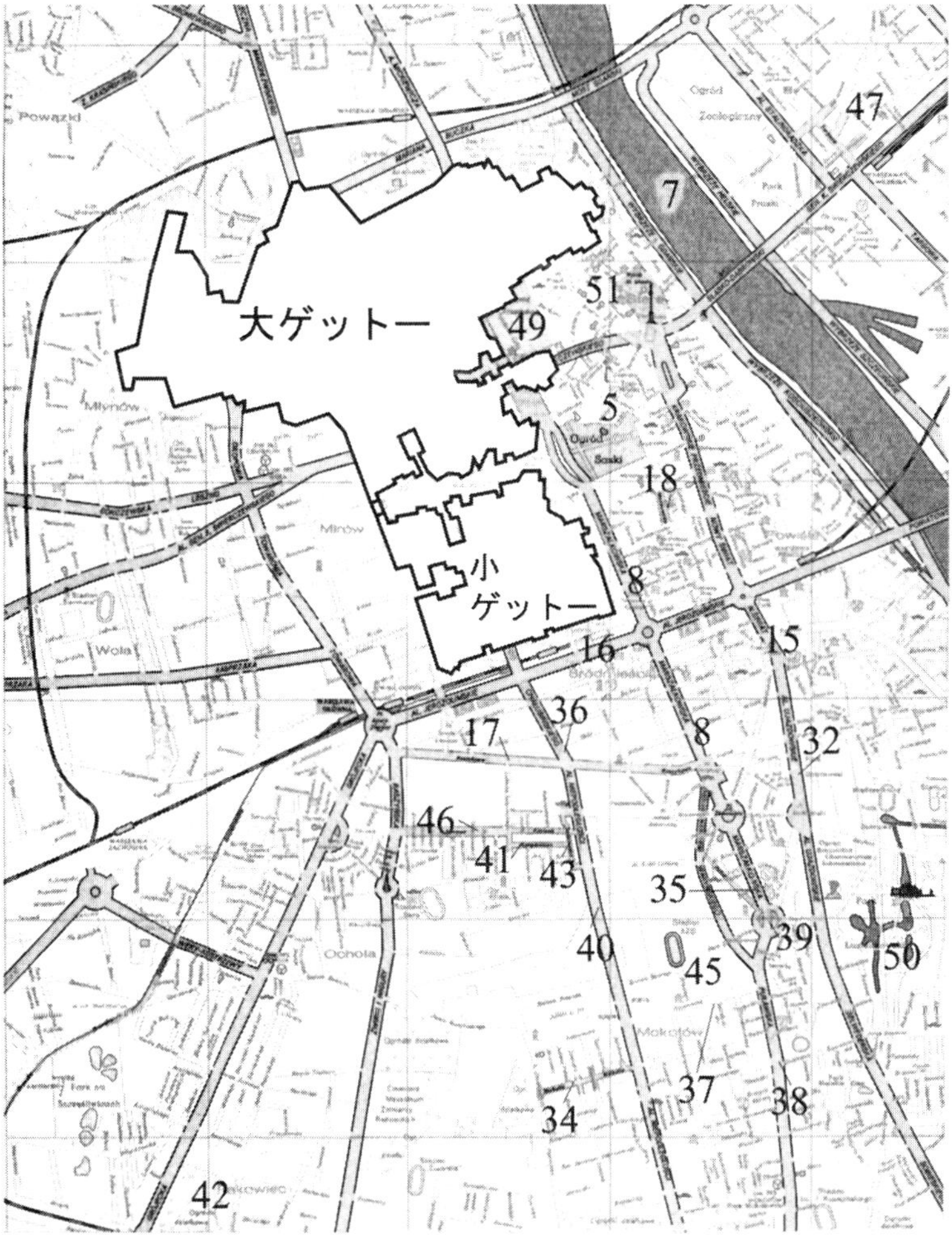

大ゲットー
小
ゲットー
47
7
51
49
5
18
8
16
15
36
17
8
32
46
41
43
35
39
50
40
45
37
38
34
42

訳者あとがき

本書は Władysław Szpilman, "The Pianist: The extraordinary story of one man's survival in Warsaw, 1939 - 45", Victor Gollancz, London 1999. の全訳である。著者ウワディスワフ・シュピルマンはこの原書を第二次世界大戦直後の一九四五年に書いている。この本の中のエピローグで明らかにされているように、原書は刊行されるとすぐに、発禁に近いかたちで早期に絶版処分を余儀なくされた。その理由は、当時のスターリン専制下における東ヨーロッパ諸国がからむ複雑な事情によるものだった。

一九九一年にソヴィエト連邦が崩壊して、旧体制による呪縛が解けてから、多くの人々によってこの本の速やかな再刊が望まれたに違いない。しかし、英訳版が出されるのにすら十年近くもかかってしまったのはどうしてだろうか？　訳者の勝手な想像では、今度は著者自身が抵抗を示したのではなかろうか？　五十年以上も過ぎた辛い体験を今さら思い出すのは苦痛以外の何ものでもない。まして、あらためて白日の下に晒すのはまことに恥ずかしい、と。

本書の持つ意義を早期から認めていたシュピルマンの子息とその友人たちは、ひたすら老シュピルマンの説得にこれ努めたのだろう。彼に承諾させる切り札のひとつとなったのが、恩人、ヴィルム・ホーゼンフェルトの日記とヴォルフ・ビーアマンによるエピローグを併載することだったのではなかろうか。明記はなされていないが、序文とエピローグを読むとふつふつとそんな感じが伝わってくるのである。

ウワディスワフ・シュピルマンは一九一一年に、ポーランドの南部の街、ソスノヴェッツ（父親の故郷でもあった）で生まれた。幼少時より音楽に才能を示し、十代からワルシャワのショパン音楽院でヨゼフ・スミドヴィッチに学び、後にはポーランドの名伯楽、アレクサンデル・ミハウォフスキにも師事している。序文にも書かれているように、その後、ドイツのベルリンに留学し、ピアノをレオニード・クロイツァーとアルトゥール・シュナーベルに、作曲をフランツ・シュレーカーについて学んだ。

訳者がこの英訳本を初めて手にしたとき、シュピルマンの名前はどこかで見たか、聞いたかした記憶があると思いながら、なかなか思い出せなかった。たまたま、レコード会社からの問い合わせがきっかけとなって記憶喪失が氷解した。一九五九年から一九六〇年にかけて録音され、一九六〇年代に発売された、ポーランドの演奏家たちによる「ショパン全集」の中で、シュピルマンが弾いていたのである。ここで、かれは「ピアノ三重奏曲作品八」と「マイヤベーアのオペラ〃鬼のロベール〃の主題によるチェロとピアノのための協奏的二重奏曲　ホ長調」のピアノ・パートを受け持っている。

少し余談になるが、我が国で、ユダヤ系ポーランド人ピアニストといえば、リシャルド・バクスト（本書の翻訳中に偶然、彼が今年の三月に逝去したことを知った）を思い浮かべる向きも多いに違いない。彼の日本発売盤の「マズルカ全集」のジャケット・ノートで彼自身が述べているところによると、ドイツ軍がワルシャワに侵攻してきたとき、中学生だった彼は市の郊外へ遠足に行っていて、そのまま東方へ向かって逃げた。彼はその後、ソ連にまで達し、ここでコンスタンティン・イグームノフやゲンリヒ・ネイガウスに出会い、ピアニストとして大成するきっかけを得るが、戦後、ワルシャワへ帰ってみると、親兄弟はおろか親戚すら誰もいなくなっていたというのである。バクストよりも十五歳年上のシュピルマンはワルシャワにとどまるほうを選び、結果的には家族を全て失うという同じ経験をするのだが、ここに示された惨劇のディテールは、バクストの小物語から我々が抱いていた想像を遥かに絶するものである。

本書の内容は極めてユニークだと言ってよいだろう。第二次世界大戦中にドイツ軍に占領されたワルシャワにおけるユダヤ人絶滅作戦の渦中での、最後までの生き残りの記録である。初めの三年間にユダヤ人たちがゲットーで追いつめられていく過程については、他に「ゲットー日記」などの詳しい記述がある（ハイム・カプラン著、アブラハム・キャッチ編『ワルシャワ・ゲットー日記』松田直成訳、風行社）。しかしながら、一九四二年八月、ウムシュラークプラッツでシュピルマンが家族から引き離され、以後一人で逃げ回り、隠れ歩き続けた体験は他で語られたことのないものだ。彼の叙述は詳細をきわめ、その観察力と記憶力には感嘆にたえぬものがある。彼自身、この本の中で繰り返し述べている——自分は、家族の中ではどちらかというと、冷静さを欠く人間に属する、と。しかし、淡々とした描写に、時にはユーモアや皮肉を混ぜ、個人的な怒り、恨み、嘆きなどは可能な限り排除されている。そのせいで、彼が受けた数々の仕打ちの不条理さと悲しみが、読む者によけいにひしひしと伝わってくる。

書名が〝ザ・ピアニスト〟と銘打たれているわりには、本書には音楽そのものについての具体的な記述は極めて少ない。書中に登場する音楽作品といったら、ラフマニノフのハ短調協奏曲、ショパンのロ短調スケルツォと嬰ハ短調ノクターンくらいである。しかし、そのうちの嬰ハ短調ノクターンには著者の並々ならぬ思い入れが込められており、クライマックス章のタイトルにもなっている。

ところで、ショパンのノクターンには嬰ハ短調で書かれた曲が二曲ある。第七番作品二七の一と遺作（第二十番とされることもある）。ここで、著者はどちらの嬰ハ短調を指しているのだろうか？　極めて素朴で抒情的な遺作のほうだろうか、ショパンの作品で最もベートーヴェン的といわれる重厚な第七番のほうだろうか？　訳者は、そのうちにワルシャワに出掛けて、シュピルマン老に会って確かめたいと思っている。


最後に、本書刊行の経緯についてふれておきたい。先にイギリスで英訳版が出版され、いち早く読まれたロンドン在住のピアニスト、岡田博美氏と奥様より春秋社に連絡が入った。「とてもよい本なので、ぜひ日本の読者の方たちに……」とそのＦＡＸ便には感想がつづられていた。私の許へ英訳版原書の校正刷が届いたのは、夏前のことだった。暗いホロコーストものと思いつつも、訳出していくにつれ、稀有のノンフィクションの迫力といったものに感じ入ったのは前述のとおりである。

本書の刊行がなされるにあたり、格別のご配慮とご尽力をいただいた、春秋社の社主、神田明氏、及び編集部の高梨公明氏と佐藤行子さんには深甚なる感謝を申し上げたい。特に、訳語の選択に大変なご助力をいただいた高梨氏には、ご苦労をおかけした。お詫びと共に、重ねて謝意を捧げたい。

一九九九年十二月　佐藤泰一

訳者追記

ウワディスワフ・シュピルマンは二〇〇〇年七月六日に亡くなられた。軽い脳溢血で倒れたあと入院し、ほとんど回復に向かっていた矢先に生じた突然の容態急変による逝去だったという。秋に開催されるショパン・コンクールに出掛けてお目にかかれるとばかり思っていた筆者にとって、彼の急死はまさに青天の霹靂、取り返しのつかぬ痛恨事だった。一〇月、ワルシャワのシュピルマン宅で筆者を迎えてくれたのは奥さんのハリーナさんと次男のアンジェイである。筆者がシュピルマン老にうかがおうとメモしておいた質問事項のあらかたに対してはアンジェイが答えてくれた。例のノクターン嬰ハ短調は筆者の思いとは異なり遺作のほうで、戦後シュピルマンが演奏したこの曲の録音をその場で聴かせてもらったりもした。その後、アンジェイはシュピルマンの戦後の活動（作曲、独奏、伴奏、合奏など）を総ざらえしたCD五枚組を出しており、シュピルマンを知る上に欠くことのできない貴重な資料を提供していることを付記しておく。

（二〇〇二年十二月二十四日）

■海外の書評から（二〇一七年版より）

『ザ・ピアニスト』がまたたくまに世界的ベストセラーのトップに躍り出たことは驚くにあたらない。それだけ悲痛にして圧倒的な傑作だ。シュピルマンの著述のどこがすごいかと言えば、憤りや怒りといったものが微塵も見られないことだ。もとより、あの凄まじい経験をした年月の直後に筆を執ろうとしたら当然ながら誰しもそうした感情を抑えきれないはずなのに。

マーティン・アンダーソン『インデペンデント』

シュピルマンの回想は戦後すぐに書かれただけあって、細部に至るまで鮮やかに描かれている。

シルヴィア・ロジャーズ『サンデー・タイムズ』

第二次世界大戦のドイツ占領下で、ユダヤ人であろうとなかろうと、一般市民がこうむった災厄について公にするだけの本を刊行してばかりもいられない。しかし、一九三九年から四五年のワルシャワを生き延びたシュピルマンの回想録『ザ・ピアニスト』は、鮮烈で生々しく胸を打つ描写と飾り立てない美しい筆致によって、数々のおぞましい出来事をあたかも目の前で起きているかのように物語ってくれる……。その語りたるや身の毛もよだつほどで、ハリウッド映画も及ばない……。二〇世紀のヨーロッパに起こった最も凄惨な出来事のすべてを仔細にわたり描き出した傑作。

カーメン・カリル『デイリー・テレグラム』

ホロコーストが呼び起こしたイメージと言えば、強制収容所だ。シュピルマンの力強い回想録からはワルシャワ・ゲットーの全容が別の視点から図像化されている。

アン・カルプフ『ザ・タイムズ』

ワルシャワの戦時を生き抜いたユダヤ人ピアニストの回想はいままでにない、もっとも説得力のある著作だ。

『サンデー・トリビューン』

おぞましく、ほとんどありのままを描く迫真性をおびた語り口こそが、読者に強い印象を残す。……『ザ・ピアニスト』には熱がこもっておらず、ぶっきらぼうではあるが、すこぶる読みやすい回想録となっている。恐怖におびえながら生きなければならなかった日々が現実に存在したことを目の当たりにさせてくれる。

『サンデー・タイムズ』

著者

ウワディスワフ・シュピルマン（Władysław Szpilman）

1911年生まれ。ワルシャワ音楽院（ショパン音楽院）およびベルリン芸術アカデミーでピアノを学ぶ。1945年から1963年まで、ポーランドラジオの音楽監督を務め、長年にわたってコンサート・ピアニスト、作曲家としてのキャリアを送る。2000年に逝去するまでワルシャワに在住。本書『戦場のピアニスト（原題：The Pianist』は、同年、『ユダヤ・クォータリー』誌ノンフィクション部門におけるウィンゲート文学賞に輝く。ロマン・ポランスキーによる本書の映画は、2002年のカンヌ映画祭のパルム・ドール、二つの英国アカデミー映画賞を受賞。同映画はまた、最優秀監督賞、最優秀主演男優賞、最優秀脚色賞の三つのアカデミー賞に輝いた。

訳者

佐藤泰一（Taiichi Sato）

1938年生まれ。62年、東京大学工学部卒業。富士製鉄㈱・新日本製鐵㈱技術研究者、富山県工業技術センター所長を経て、技術コンサルタント、音楽評論家。2009年逝去。著書：『ショパン・ディスコロジー』『ロシア・ピアニズムの系譜』『名曲名盤・ショパン』（以上、音楽之友社）、『ショパン・コンクール　1927-2000　若きピアニストたちのドラマ』（春秋社）。訳書：『アレクサンドル・スクリャービン』（泰流社）、『チュルリョーニスの時代』（ヤングトゥリー・プレス）。

戦場のピアニスト

2000年 2 月10日　初　版第 1 刷発行
2003年 2 月 1 日　改題版第 1 刷発行
2023年11月20日　新装版第 1 刷発行

著者　ウワディスワフ・シュピルマン
訳者　佐藤泰一
発行者　小林公二
発行所　株式会社 春秋社
〒101-0021 東京都千代田区外神田 2-18-6
電話　03-3255-9611（営業）
03-3255-9614（編集）
振替　00180-6-24861
https://www.shunjusha.co.jp/
装丁　本田　進
印刷製本　萩原印刷株式会社

定価はカバー等に表示してあります　ISBN978-4-393-49542-1

◆佐藤泰一

ショパン・コンクール　1927–2000

若きピアニストたちのドラマ

若き実力派ピアニストたちがかつてこのコンクールを制覇し、世界へと羽ばたいた…。二十世紀、七十余年のパワフルな歴史を克明に検証しつつ、コンクールの実体とさまざまな人間模様を活写。２９７０円

◆多田純一

澤田柳吉　日本初のショパン弾き

洋楽黎明期の日本音楽文化を支えたパイオニアの肖像。明治・大正・昭和にかけて、ピアニストという職業の先駆的存在として多彩な音楽活動を展開した稀有な生涯を詳細な資料を駆使して描く。４９５０円

◆アンドラーシュ・シフ／岡田安樹浩訳

静寂から音楽が生まれる

世界で最も注目を集める音楽家にして世評高きピアニストのインタビュー&エッセイ集。芸術家としてのあり方、演奏技法と解釈の方法等、縦横無尽に語り尽くした偉大な芸術家の素顔。３３００円

◆ヴィクトール・E・フランクル／山田邦男・松田美佳訳

それでも人生にイエスと言う

ナチスによる強制収容所の体験として全世界に衝撃を与えた『夜と霧』の著者がその経験と思索を踏まえ、全ての悩める人に〝人生を肯定する〟ことを訴えた感動の書。世代を超えたロングセラー。１８７０円

春秋社

＊価格は税込（10％）